Conceptos
fundamentales
de Ciencia Política

Ignacio Molina
en colaboración con
Santiago Delgado

Conceptos
fundamentales
de Ciencia Política

Alianza Editorial

© Ignacio Molina
© Alianza Editorial, S. A., Madrid, 1998
Calle Juan Ignacio Luca de Tena, 15;
28027 Madrid; teléf. 91 393 88 88
ISBN: 84-206-8653-0
Depósito legal: M. 40.433-1998
Impreso en Anzos, S. L.
Fuenlabrada (Madrid)
Printed in Spain

La nueva colección de Conceptos Fundamentales de Alianza Editorial presenta al estudiante de los primeros cursos de la universidad, de forma clara, concisa y fácilmente accesible, las nociones básicas de distintas ramas del conocimiento: psicología, sociología, ciencia política, historia y filosofía entre otras. En forma de diccionario breve, el objetivo principal de esta colección es ayudar al estudiante a comprender y adquirir la terminología propia de su disciplina universitaria, tanto sus conceptos específicos como aquellos que, si bien son de uso común, cobran un significado especial en el contexto académico.

Los editores

A

absolutismo Doctrina política y forma de gobierno que tiene como principal objetivo el control total del Estado y la ausencia de poderes alternativos al que reclama para sí el derecho ilimitado a gobernar. Su principal manifestación histórica, el Absolutismo monárquico, se caracterizó por la aspiración del rey a personificar la soberanía*. Como consecuencia, el Estado, que ya en el siglo xv había comenzado a dotarse de una organización relativamente moderna, quedaba gobernado de forma centralizada y sin constreñimientos legales, consuetudinarios o feudales. Todos los reinos europeos, salvo Gran Bretaña y los Países Bajos, sufrieron experiencias absolutistas que evolucionaron en el siglo xviii hacia formas más ilustradas pero aún despóticas. Contra las instituciones sociales y políticas de ese *Ancien Régime*, se desencadenaron las subsiguientes revoluciones liberales que introdujeron límites al poder a través de las constituciones*.

A diferencia del totalitarismo*, el poder no se ejerce en el absolutismo de manera arbitraria o injustificada sino que está fundamentado teóricamente por razones teológicas o racionalistas. La segunda de estas orientaciones es la plasmada en los escritos de Maquiavelo y, sobre todo, en el pensamiento de Hobbes, quien sostenía que los hombres, agresivos y ambiciosos por naturaleza, se encuentran siempre en situación de lucha y de competencia. Como estas antisociales inclinaciones llevan a la destrucción, los individuos son también capaces de aplicar racionalmente su egoísmo para asegurar la supervivencia y evitar que la vida sea «solitaria, pobre, sucia, brutal y corta». Lo hacen por medio de un pacto ficticio en el que renuncian a tomar la justicia por su mano y acuerdan someterse a un soberano, al que invisten con los máximos poderes, que puede así aplicar las sanciones necesarias para el mantenimiento del orden y la paz.

Por su parte, la concepción teológica del absolutismo supone la procedencia divina de la autoridad civil, por lo que se considera sacrílego cualquier tipo de rebelión en contra de la corona. La única responsabilidad exigible a ésta es la que proviene de Dios y nadie de entre sus súbditos estaría capacitado para someterla a juicio. Entre los defensores de esta visión divina de las atribuciones reales, tradicionalmente asociada a los monarcas católicos de la Europa del barroco, se encuentran los protestantes Lutero y Calvino, que también propugnaron la obediencia pasiva.

abstencionismo Fenómeno caracterizado por la ausencia de participación en el ámbito político cuya manifestación más habitual es el no ejercicio del derecho al voto*.

accountability (rendimiento de cuentas). Deber de responder, ante una autoridad externa, por la conducta realizada en el ejercicio de funciones públicas. Aunque es posible hablar de *accountability* jerárquica, que es la existente entre un burócrata y su superior, es habitual reservar el término para la evaluación que el electorado hace de sus representantes y la que éstos hacen de los ministros. De hecho, en un marco constitucional, se institucionaliza el control parlamentario* sobre el gobierno que, en democracias no presidencialistas, puede suponer su destitución al gozar el órgano legislativo de una legitimidad democrática más directa.
Aunque el concepto puede designar la existencia de instrumentos de censura que producen consecuencias jurídicas, es especialmente útil cuando se aplica a la situación por la que un poder o agente de éste, que se sabe sometido a examen crítico, tiene el deber de explicar sus actuaciones ante un requerimiento de la oposición y

está dispuesto a asumir responsabilidades. La reciente proliferación de agencias administrativas autónomas y organismos públicos independientes, teóricamente guiados por criterios técnicos, ha modificado los tradicionales instrumentos de rendimiento de cuentas, que han perdido parte de su naturaleza política.

administración Organización de recursos materiales, económicos y humanos a través de la cual un poder lleva a cabo su actuación. El término es aplicable a cualquier entramado de grandes dimensiones que necesite de apoyo logístico pero, en el lenguaje común, es sinónimo de administración pública. Ésta consiste en la estructura del poder ejecutivo*, subordinada al gobierno*, que tiene la misión de coordinar e implementar las políticas públicas. Aunque en la práctica la administración no se limita a la mera gestión neutral de lo decidido por el gobierno y el parlamento, existe una distinción conceptual y formal que limita el ámbito de la política a dichas instancias, como órganos con supuesto margen para incluir preferencias ideológicas y cálculos de oportunidad en sus decisiones.
A partir del siglo pasado se ha ido desarrollando en las sociedades avanzadas una compleja y eficaz organización administrativa que, según el modelo weberiano, debería contar con una burocracia* racionalizada y funcionar según los principios normalizados de coordinación, descon-

centración y jerarquía. Este último es el que, paradójicamente, permite hacer compatible la estructura y el funcionamiento administrativos con la democracia, ya que la responsabilidad última de la gestión pública recae en los jefes superiores de cada departamento, o ministros*, y éstos sí pueden ser controlados por el parlamento. Además, la ciencia de la administración* pretende hacer a ésta más eficiente y cercana con nuevas técnicas que, aunque mantengan los rasgos clásicos imprescindibles como es el procedimiento reglado o el control judicial, reduzcan las rigideces del derecho público y se orienten al ciudadano como cliente o usuario.

En la administración pública se distingue, en primer lugar, entre el sector militar y aquél que no tiene por finalidad la defensa del Estado. Dentro de este último pueden diferenciarse, a su vez, niveles verticales que, según sea la ordenación del territorio, dan lugar a las administraciones central, local y, en los países descentralizados, la regional. Además, en cada uno de estos niveles es preciso distinguir los órganos centrales del sector periférico, que opera en subámbitos territoriales. Por último, se diferencia la administración general de la institucional, integrada por organismos autónomos y otras agencias ejecutivas con personalidad jurídica propia a los que se asigna el ejercicio de funciones específicas en determinados servicios públicos, como sanidad, seguridad social o comunicaciones. La desregulación* ha llevado incluso a desligar ciertos órganos de la supervisión gubernamental (los llamados *quangos*) que se encargan de gestionar ciertas materias, como la política monetaria o la bolsa, con la consiguiente legitimidad técnica y el riesgo de que se dificulte la *accountability** política.

agenda-setting (fijación del «orden del día»). Etapa inicial del proceso de elaboración de políticas públicas*, previa a la fase de toma de decisiones, en la que un poder selecciona, y clasifica por su importancia, las cuestiones que exigen un examen y una respuesta política. La capacidad para controlarla confiere gran influencia política ya que las instituciones de gobierno actúan de forma estructurada abordando sólo los asuntos que figuran en la *agenda* y, además, de acuerdo con el orden de prioridad fijado.

agente electoral Individuo que, dentro de un partido político, se ocupa de las tareas de movilización de los posibles votantes para optimizar el resultado electoral de su grupo. Su actividad se justifica por la necesidad de cubrir distintas funciones vinculadas a estas convocatorias, entre las que destaca el control de las elecciones* el día concreto en que éstas se llevan a cabo. Los interventores y los apoderados son agentes electorales designados por los partidos políticos con la finalidad de comprobar el normal desarrollo de la votación y controlar presencialmente el proceso.

agitación política Actividad política tendente a influir en la conciencia y la disposición de grandes masas humanas mediante la difusión de determinadas ideas y soluciones políticas. El lenguaje leninista designa así a uno de los tres grados de la polémica ideológica, junto con el trabajo teórico y la propaganda*.

alto cargo Denominación que reciben los puestos de designación política y que conectan el gobierno con la administración* al combinarse, en quienes los desempeñan, la competencia profesional sectorial y la relación de confianza con los ministros* que los nombran. En España, donde esta categoría es particularmente amplia, se incluyen en ella quienes ostentan rango de secretario de Estado, subsecretario o director general. A partir de ahí, los puestos son teóricamente ocupados por funcionarios según criterios estrictos de mérito y capacidad.

anarcosindicalismo Doctrina concomitante con el anarquismo* que no rechaza, a diferencia de éste, la actividad política. Se caracteriza por organizarse en sindicatos, como sustitutivos funcionales de los partidos, y propugna la colectivización, la huelga revolucionaria y la acción directa, que puede conllevar la utilización de la violencia contra el Estado. Tuvo

cierto protagonismo en Francia y España durante el primer tercio del siglo XIX pero hoy sólo conserva algún vigor en América Latina.

anarquismo Doctrina fundamentada en el concepto de anarquía como ausencia de autoridad o de gobierno. No hay una única concepción anarquista pues cuenta con muy diversos teóricos (Proudhon, Bakunin, Kropotkin), pero sí existen unos mínimos rasgos comunes. El deseo de abolir el Estado, el método autogestionario, las visiones utópicas*, la libertad como meta individual y el rechazo a la religión y a las materializaciones occidentales, son algunas de sus señas de identidad.

El anarquismo originario entronca con el pensamiento socialista por el deseo compartido de abolición de la propiedad privada, principio inspirador del egoísmo humano y, por tanto, factor decisivo en la explotación de una clase por otra. Sin embargo, el anarquismo no comparte con el marxismo la utilización del Estado como instrumento de intermediación en el camino hacia una sociedad justa y opta, en cambio, por la formación de órdenes colectivos de convivencia y por el apoyo mutuo como mejor organización de la producción. La libertad de los anarquistas se consigue cuando la igualdad de los individuos, y la solidaridad entre ellos, se consiguen sin imposiciones externas artificiales. Aunque la idea de anarquismo ha sido usada por la llamada derecha libertaria para designar su hostilidad al Estado intervencionista, el concepto implica connotaciones colectivizadoras que, obviamente, no comparten los neoliberales*.

ancien régime (Antiguo régimen). Conjunto de estructuras sociales y de instituciones jurídico-políticas absolutistas* que dominaron en Europa hasta el triunfo de la burguesía en las revoluciones liberales.

aristocracia Concepto que tiene su origen en la clasificación aristotélica de las formas de gobierno y que designa aquélla en que el ejercicio del poder se realiza por los mejores, los *aristoi*, que no actúan para satisfacer el beneficio propio, como sucedía con la oligarquía*, sino en interés de toda la comunidad. Al considerar Aristóteles que la propiedad servía como indicio para determinar sus miembros, el término se asoció desde un principio a las clases más pudientes.

autodeterminación Principio formulado en el siglo XVIII, para referirse a la liberación del individuo, que posteriormente ha pasado a designar la aspiración de un grupo, que se arroga una voluntad distinta y separada como pueblo, a determinar colectivamente el estatus político de su territorio con respecto a la potencia que lo administra. Los nacionalismos* periféricos reivindican su aplicación en relación con los estados a los que se enfrentan, si bien el reconocimiento internacional de esta doctrina (en las resoluciones 1415 y 2625 de la Asamblea General de la ONU) se ha conectado al proceso de descolonización iniciado a mediados del siglo XX.

La admisión de este derecho para un grupo implica que éste dispone de una soberanía* potencial de forma que, si bien su ejercicio no supone la automática independencia, la autodeterminación está intrínsecamente orientada a la creación de nuevos estados. Se asemeja al llamado *principio de las nacionalidades*, incluido entre los *14 puntos* formulados por el presidente norteamericano Wilson, para desgajar los imperios alemán, austro-hungaro y otomano tras su derrota en la Primera Guerra Mundial. No obstante, este principio subraya la necesidad de coherencia entre organización estatal y comunidad etno-territorial, mientras que la autodeterminación hace hincapié en la agregación de decisiones personales, lo que implica un carácter democrático que va acompañado de problemas prácticos si se aplica en áreas donde existe pluralidad de identidades nacionales.

autoridad Atributo que otorga el derecho a que una persona mantenga una relación de superioridad sobre otras subordinadas. También se conoce así a la cualidad de un orden en virtud de la que éste se cumple y, en general, a la habilidad para ejercer ascendencia sobre un grupo.

La autoridad como tal puede manifestarse en ámbitos diversos como la familia, los grupos de presión o los partidos, pero su más conocida manifestación se da en el Estado. En él, la autoridad se convierte en un recurso del poder* institucionaliza-do que se une irremediablemente al concepto de orden y al sentimiento de obligación de obediencia que permite no invertir esfuerzos en la persuasión ni recurrir a la fuerza. La legitimidad* sobre la que se sostiene la autoridad, que puede ser tradicional, carismática o racional, desaparece y deviene autoritarismo* cuando el grado de dependencia y de poder ejercido por unas personas sobre otras sobrepasa el límite de lo aceptable.

autoritarismo Creencia según la cual el poder público debe ejercerse sin atender a la aprobación que reciba por parte de los gobernados. De ahí que su aplicación a un sistema político sirva como sinónimo de dictadura* o, más eufemísticamente, para expresar su carácter no democráti-co*, potencialmente arbitrario y represivo de la oposición política. No obstante, el término ha adquirido importancia analítica en la ciencia política al haber sido contrapuesto por Linz al concepto de totalitarismo*.

A diferencia de éste, un régimen autoritario no cuenta con una formulación ideológica claramente determinada sino que se apoya en conceptos amplios como orden o patria. Tampoco está, en contraste con los sistemas totalitarios, exclusivamente sustentado en un partido único, sino más bien en la burocracia y el ejército. Además, carece del deseo o la capacidad de promover constantemente movilizaciones masivas de apoyo y, aunque no existe división de poderes ni control al gobierno, se permite cierto pluralismo limitado. Esto significa que no se reprime a la sociedad civil porque, si bien no se protegen las libertades individuales, se tolera la actividad económica y religiosa de ciertos grupos.

B

behaviour(al)ism *véase* conducti-(vi)smo.

bicameralismo Método usual de organización del parlamento* por el que éste se divide en dos cámaras o asambleas que pretenden representar a la comunidad política de acuerdo con más de un modelo. A esta estructura se le atribuye un sesgo conservador al haber sido inicialmente promovida por el constitucionalismo liberal para ubicar en las llamadas cámaras altas (a menudo bautizadas como senado*) a próceres que moderasen el supuesto radicalismo democrático emanado de las cámaras bajas. Actualmente el bicameralismo está especialmente justificado en los casos de sociedades complejas y sistemas federales como una forma idónea para dotar de garantía institucional, frente a una hipotética tiranía de la mayoría estatal, a las peculiaridades regionales o culturales. En casos como el italiano, donde no se pretende articular el pluralismo etno-territorial sino el ideológico, se defiende el bicameralismo fundado sobre distintos sistemas electorales: mayoritario y proporcional. Cuando los dos órganos parlamenta-rios gozan de la misma autoridad el trabajo se organiza según una distribución competencial como la existente en Alemania; y si ambas cámaras conocen de los mismos asuntos, como sucede en los Estados Unidos, por medio de comisiones mixtas que tratan de superar los desacuerdos. No obstante, el bicameralismo suele atenuarse otorgando mayor protagonismo a las cámaras bajas por razones de eficacia o de legitimidad democrática (en el caso de que la alta tenga representantes no directamente elegidos, como en Canadá, o designados en atención a derechos hereditarios, como en Gran Bretaña). En favor del bicameralismo se argumenta que la doble lectura de las mismas cuestiones hace posible un perfeccionamiento técnico, intensifica el control político sobre el ejecutivo y, en determinadas ocasiones, puede suponer un reforzamiento de la expresión de la voluntad general. En su contra, se esgrime la ralentización del proceso legislativo y el aumento de las crisis políticas a que puede dar lugar en caso de conflicto entre las cámaras.

bolchevismo Nombre que recibe el comunismo* ruso a partir de los congresos en el exilio que se celebraron en Bruselas y Londres durante los primeros años del siglo XX. En las votaciones allí registradas, los partidarios de Lenin* obtuvieron la mayoría (*bolchevique*), frente a la facción moderada minoritaria (o *menchevique*), que conformó a partir de entonces su grupo antagonista. El bolchevismo propugnó la organización centralizada del partido y la revolución, a escala mundial, capaz de anticipar la realización de las leyes marxistas del desarrollo histórico. Una vez en el poder, degeneró en la dictadura soviética que llegó a ser totalitaria durante el período estalinista*.

bonapartismo Estilo político populista, practicado por los dos emperadores Napoleón, que tuvo numerosos partidarios entre los pequeños terratenientes, los campesinos y los obreros franceses del siglo XIX. Es la versión moderna del cesarismo* como forma de gobierno y consiste en una dictadura* personal legitimada por plebiscitos. Doctrinalmente se opone al absolutismo* pero propugna un Estado expansionista, apoyado en la fuerza militar y la ideología nacionalista conservadora. Para el marxismo constituye un ejemplo de excepción al economicismo ya que muestra la relativa capacidad que tiene la política para evitar el surgimiento de la conciencia de clase.

burocracia Término que ha trascendido su significado literal, gobierno de los funcionarios, para referirse a muy diversos fenómenos. Usado impropiamente como sinónimo de administración* o de todo tipo de organización compleja, tiene una connotación peyorativa en el lenguaje cotidiano que alude a la administración lenta e ineficaz. Sin embargo, según Max Weber, el modelo burocrático es aquel tipo ideal donde se maximiza la eficiencia de la organización gracias a que existen reglas generales y abstractas, procedimientos estandarizados, división racional del trabajo, despersonalización y jerarquía. Sus miembros gozan de continuidad al haber sido reclutados por mérito y capacidad a partir de concursos competitivos. El modelo burocrático es así el más legítimo y el que más se ha generalizado, aunque no está exento de ineficiencias como las que surgen al exacerbarse la preocupación por el estricto seguimiento de los controles procedimentales centrados en la literalidad de la ley.

Para la ciencia de la administración* la burocracia también puede ser un concepto neutral que engloba, limitándose quizás a la élite de los mismos, a los funcionarios públicos. Al referirse a quienes dirigen la gestión pública por su cualificación técnica y no por la elección popular, los estudios sobre la burocracia se acercan a la etimología de la palabra, como *poder en los despachos*. Es decir, se trata de analizar hasta qué punto el burócrata, en teoría mero ejecutor neutral y profesional de las decisiones políticas, influye en las mismas a través del asesoramiento o la discrecionalidad en la implementación. No obstante, también merece ser analizado el fenómeno contrario de politización de la burocracia, por medio de relevos generalizados entre los funcionarios que quedan así reducidos a mero botín electoral (*spoils-system*).

El modelo clásico de separación entre política y administración puede servir para las decisiones excepcionales, electorales o críticas, pero no en las microdecisiones rutinarias donde la burocracia suele ser autónoma o, al menos, interactiva con el parlamento y gobierno. Así surge su habitual alianza, en los llamados *policy-networks**, con los poderes públicos y los particulares interesados en un determinado sector de la gestión política. Además, como advierten Niskanen y otros autores neoliberales, la burocracia trata de influir en el aumento del tamaño de la propia administración pública. Esta orientación al crecimiento es propia de un actor egoísta racional, pues así los altos cargos* consiguen un mayor protagonismo.

C

caciquismo Forma particular en que se manifiesta el clientelismo político* en las sociedades rurales con poco nivel de desarrollo e instrucción. Se caracteriza por la continuada influencia de una oligarquía local, conformada por unos líderes o caciques (según la voz caribeña), que desarrolla actividades políticas y administrativas sin estar dotada de investidura jurídica alguna.

Su principal manifestación se produjo en España durante el período de la *Restauración canovista* (entre 1874 y 1923), cuando la celebración de elecciones supuestamente democráticas quedaba desvirtuada por la influencia de estos personajes sobre los votantes. A principios de siglo la monarquía constitucional llegó a aceptar el sufragio universal si bien, para que éste no destruyera el *turno pacífico* entre los partidos liberal y conservador, se idearon diversas fórmulas de manipulación de las votaciones. Así, estas formaciones burguesas, que carecían de sostén por parte de las masas, disponían en las zonas rurales de personalidades de prestigio que se encargaban de «aconsejar» a sus vecinos, «informando» de las candidaturas más convenien-

tes y premiando de alguna manera el cumplimiento de las consignas. El caciquismo en las ciudades y zonas obreras era obviamente más difícil pero también se registraron actuaciones de resultado asimilable como sobornos, censos electorales defectuosos y promoción de la abstención.

campaña electoral Conjunto de acciones comunicativas que se llevan a cabo en el periodo previo a las elecciones y que tienen como objetivo la difusión de las propuestas políticas de los candidatos de los partidos y la solicitud directa del voto. Los instrumentos utilizados se han ido ajustando al progreso histórico de las formas de expresión política y, así, los mítines públicos y carteles han sido sustituidos en importancia y presencia por los medios de comunicación de masas, la comunicación telefónica directa o el correo.

capitalismo Modo de producción y régimen económico-social surgido en el mundo occidental tras todo un proceso histórico de acumulación de capital que culminó con el triunfo de la Revolución Industrial. La evolución iniciada en el siglo XIII, en torno a la creación de asociaciones comerciales entre las que destaca la Liga Hanseática, hizo posible la concentración de recursos financieros, la especialización en el trabajo y la extensión de los mercados. Además, a partir del siglo XVIII, los avances tecnológicos permitieron el paso del taller a la fábrica y la transformación mecanizada de las materias primas en productos manufacturados idóneos para comercializarse.

El capitalismo consiste, básicamente, en un sistema de organización económica que promueve la riqueza privada y la competencia en el mercado entre distintas empresas. Los propietarios de éstas se apropian de los rendimientos, o plusvalías, generados al combinar los capitales físico, humano y monetario que se emplean en la producción. Esta secuencia ocasiona alienación en los trabajadores empleados por lo que, algunos años después de que el capitalismo emergiera, el concepto y su naturaleza fueron elaborados de forma crítica por el marxismo*.

Por su parte, Adam Smith se suele considerar el primer teórico que defiende el modelo al haber propugnado las bondades del libre comercio (frente al proteccionismo) y del *laissez-faire* (frente al dirigismo estatal). Aunque éstos fueron los ingredientes de la exitosa industrialización inglesa, en el resto de Europa se desarrolló un capitalismo planificado por el propio Estado y apoyado en monopolios e instituciones financieras.

En ambos casos, el sistema benefició a unas restringidas clases burguesas que garantizaron su desarrollo acompañándolo del establecimiento de instituciones políticas liberales*. La democratización posterior de estos regímenes permitió la participación en el gobierno de grupos políticos que, al estar promovidos por los trabajadores que se sentían perjudicados por el desarrollo del capitalismo, se oponían a él o demandaban su reforma. Esta vinculación con la democracia no es, en todo caso, norma general y, de hecho, ha sido frecuente que distintos impulsos capitalistas en América Latina o Extremo Oriente se hayan conectado a dictaduras.

El capitalismo del siglo XX ha sufrido transformaciones en relación con el modelo originario, pero estas matizaciones, que son consecuencia de la regulación introducida por gobiernos intervencionistas, han conseguido que se imponga a su sesgo liberal originario. El sistema, según señalan sus críticos, conduce a la desigualdad pero, lejos de sucumbir a consecuencia de las tensiones inherentes a la misma, ha llegado a basar en ella su éxito como modelo. En la actualidad, y de forma paralela al aparente fracaso de las economías alternativas, se asiste a una nueva fase del desarrollo capitalista que está marcada por la desregulación* y el protagonismo de las avanzadas telecomunicaciones o la informática.

cartismo Movimiento político reformista promovido por las clases trabajadoras inglesas que debe su denominación a la llamada *Carta del pueblo* de 1838. Este documento, que pretendía la mejora del entonces limitado derecho de voto, solicitaba el establecimiento del sufragio universal y secreto, la supresión del certificado de propiedad para ser elegible, la inmunidad parlamentaria, la limitación temporal de las legislaturas y la eliminación definitiva de los llamados *rotten boroughs**.

catch-all parties (partidos *atrápalotodo*). Término con el que Kirchheimer denomina a los partidos que tienen como objetivo prioritario la búsqueda del mayor apoyo electoral posible sin preocuparse por el número de militantes activos. De esta manera, se margina totalmente cualquier posicionamiento ideologizado u orientado a un grupo social concreto, y se tiende a ocupar las posiciones moderadas del centro donde es posible obtener más votos.

centro Ubicación ideológica en el espectro político que se define como intermedia en relación con los polos comúnmente conocidos como izquierda* y derecha*. El estudio de los sistemas políticos, y especialmente el análisis de Downs, ha constatado la tendencia de los ciudadanos a posicionarse en el centro ideológico cuyo contenido concreto, al definirse en relación con el contexto, varía entre posiciones más progresistas o conservadoras. En todo caso, las fuerzas políticas cuyo objetivo principal es maximizar los apoyos electorales tienden a apoderarse del discurso moderado y centrista.

No obstante, existen formaciones políticas expresamente autodenominadas así que suelen acoger ideologías mixtas, como la demócrata-cristiana*, o residuales, como la liberal*. En otros casos, el término es usado por partidos conservadores que pretenden hacer atractivo su mensaje por medio de una etiqueta sin connotación peyorativa y, finalmente, también se ha presentado como solución de compromiso, normalmente temporal.

Esta última posibilidad se suele realizar con la función primordial de salvar sistemas parlamentarios excesivamente polarizados. De ahí que las épocas de crisis político-institucional, o de fuertes cambios y enfrentamientos sociales, son especialmente propicias para la configuración y desarrollo de partidos de centro. No obstante, cuando el partido es muy heterogéneo o han desaparecido las comentadas circunstancias excepcionales que justificaron su aparición, es difícil realizar síntesis aceptables para todos los elementos que lo componen.

cesarismo Práctica política originada en Roma a partir de la figura de Cayo Julio César. Consiste básicamente en la defensa de un poder autoritario capaz de orillar los intereses particulares o de grupo para favorecer la ejecución de una política que supuestamente beneficia a toda la comunidad. Fue definida por Tocqueville y Weber como aquella situación en la que la organización política va perdiendo lazos de unión intermedios entre el Estado y el individuo, aumentando así el poder del primero que es dirigido por dictadores carismáticos.

chauvinismo Exaltación reiterada de los valores nacionales que, en ocasiones, redunda en el rechazo o infravaloración de la cultura o política de otros pueblos. La utilización del término se debe a la asimilación que se ha hecho de la actitud y principios del militar francés Nicolás de Chauvin.

checks and balances *véase* división de poderes.

ciencia de la administración Disciplina politológica que tiene a la administración* como objeto de estudio y que se sustenta en la diferenciación, durante el proceso de elaboración de políticas públicas, entre decisión política y gestión. Sus antecedentes clásicos son los trabajos de Max Weber sobre la burocracia* y, aunque se basa en las teorías sociológicas que estudian las organizaciones en general, su análisis se concentra en la estructura administrativa que persigue un interés público y carece de ánimo lucrativo. Mientras en Europa continental su desarrollo ha estado estrechamente vinculado al derecho administrativo y al estudio de la función pública, la tradición anglosajona se ha orientado más al análisis y evaluación de políticas públicas* y a las técnicas aplicadas de *public management* que sirviesen para mejorar los procesos de toma de decisiones. Además, a finales de los años ochenta comenzaron a desarrollarse análisis que aplicaban a esta disciplina conceptos y metodología propios del *rational choice* y que dieron lugar a la llamada teoría de la elección pública*.

La ciencia de la administración, junto con sus tradicionales objetos de estudio tales como la historia y la organización administrativas, las relaciones intergubernamentales y el estudio de la burocracia, ha ampliado su campo de interés a los temas referidos a las transformaciones del Estado. Los cambios producidos por la globalización económica y política obligan a un nuevo modelo de gestión pública en el que hay que «reinventar el gobierno» y hacerlo compatible con la lógica del mercado. Como consecuencia de esa reforma existe una nueva orientación y los anteriores aspectos formalistas se sustituyen por un mayor grado de descentralización, desconcentración y coordinación.

ciencia política Área de conocimiento, dentro del más amplio marco de las ciencias sociales, que, pretendiendo trascender la opinión y la mera descripción, se orienta al conocimiento sistemático, libre de valores, riguroso, explicativo y potencialmente aplicado, de las cuestiones políticas. Se constituye, tanto en su origen como en su posterior desarrollo, en una suerte de ciencia multidisciplinar de síntesis en la que influyen la historia, el derecho, la economía y, sobre todo, la sociología. Ésta última comparte el método con la politología, que es el término con el que también se le conoce, y es que allí donde haya alguna manifestación social es posible indagar sobre los conflictos y relaciones de poder que en ella subyacen.

La ciencia política, no obstante, tiene su fundamento en la existencia de fenómenos que están, por su naturaleza, íntimamente relacionados con el poder público. En este sentido, la teoría del Estado*, como marco donde se manifiesta más claramente la relación por la que un poder pretende afirmar su autoridad legítima, y obtener así la obediencia colectiva, es obligado punto de partida para todo politólogo. A partir de un estudio muy formalizado, casi jurídico, de las instituciones de gobierno, la disciplina ha ido evolucionando a través del análisis conductista*, interesado por el comportamiento político de los actores no estatales, y, posteriormente, a través del funcionalismo plasmado en la teoría general de sistemas*. Estas últimas perspectivas conviven hoy con, al menos, otras dos grandes corrientes que se conocen como neoinstitucionalismo* (devolviendo la atención original prestada al Estado) y *rational choice*. El análisis de políticas públicas*, aunque carente de cuerpo teórico propio, también se ha afirmado como práctico instrumento para la investigación politológica y cuenta, además, con gran potencialidad aplicada.

Autores como Kuhn han discutido y justificado denominarla ciencia pues, si bien se distingue de la física natural, aspira a superar el conocimiento meramente humanístico, a través del fundamento empírico y la pretensión de objetividad. A partir de la observación de fenómenos políticos, con técnicas históricas, comparativas, estadísticas o experimentales, induce la formulación de leyes de las que, a su vez, se deducen hipótesis que promueven nueva investigación. Es frecuente nombrarla en plural pues, en su seno, y en atención al campo de especialización, existen subdisciplinas politológicas como la ciencia de la administración*, las relaciones internacionales*, la política económica y, aunque de naturaleza más especulativa que científica, la teoría política normativa. Esta última es especialmente importante por su conexión con las grandes corrientes ideológicas y téoricas (marxismo, pluralismo, elitismo, feminismo) que han estado en la génesis de gran parte de las demás investigaciones.

ciudadanía Condición del individuo como miembro de una comunidad política a la que está jurídicamente vinculado por el mero hecho de la pertenencia. Frente a la supuesta universalidad de los derechos fundamentales*, la ciudadanía da acceso al disfrute de los derechos políticos y económicos reconocidos por la colectividad estatal a la que se adscribe el ciudadano. Recíprocamente, no obstante, la relación entre ciudadano y Estado también implica que el primero debe cumplir con una serie de deberes morales hacia la comunidad. Esas obligaciones se concretan, según sea la concepción conservadora, liberal o socialista, subrayando respectivamente la defensa de la patria, el civismo individual o la solidaridad redistributiva.

A pesar de que, al menos en el ámbito de la Unión Europea, existe una potencial extensión supranacional de los contenidos de la ciudadanía, lo cierto es que este concepto se solapa normalmente con el de nacionalidad. No fue así en su origen clásico, cuando apareció vinculada a otros espacios como la *ciudad* griega o el Imperio romano y, a la vez, limitada a ciertos habitantes. En el primer caso, frente a la gran masa de esclavos que poblaban la *polis*, el ciudadano era el único individuo capacitado para desarrollar una actividad política gracias a su condición familiar o económica. En la antigua Roma, por su parte, similares motivos de nacimiento o de propiedad limitaban la ciudadanía a los individuos que gozaban de la denominada *tria nomina*, consistente en el *praenomen*, el *nomen* y el *cognomen*.

Coincidiendo con las revoluciones liberales y la creación de estados-nación, el concepto adquiere sus características modernas en contraposición a las ideas de súbdito, que es propia del absolutismo*, y de extranjero. La progresiva extensión de los derechos jurídico-políticos reconocidos al ciudadano comenzó entonces, a partir de una definición muy restringida de quién conformaba la nación y tenía, pues, derecho al sufragio. Desaparecido el criterio aristocrático, la limitación censitaria por razones económicas y de género fue eliminándose progresivamente durante el siglo xx y, además, se reforzó la concepción de la ciudadanía como título para acceder a muchas prestaciones económicas y sociales que son propias del Estado del bienestar.

cleavage (escisión). Según el análisis de Stein Rokkan, durante el proceso de modernización de una sociedad se producen una serie de fracturas entre grupos colectivos enfrentados y movilizados en la defensa de sus intereses políticos y económicos. Estas divisiones sociales son susceptibles de cristalizar en partidos políticos que, en democracia, pasan a definir sus programas y estrategias de acuerdo con el interés representado. Se pueden identificar cuatro escisiones principales que dan lugar a la génesis de la mayor parte de los partidos y son las que dividen o han dividido a: (1) centro y periferia, con la consecuente emergencia de nacionalismos; (2) campo y ciudad, dando lugar a los movimientos agrarios y librecambistas; (3) religión y Estado, lo que hace surgir los partidos confesionales y laicos; y (4) trabajadores y propietarios.

Esta última escisión, que enfrenta al movimiento obrero con los partidos burgueses, dada su creciente importancia a partir de la extensión del sufragio universal, ha ejercido una atracción sobre las otras tres de forma que a menudo ha sido capaz de absorverlas. La mayor parte de los sistemas de partidos* se ordena hoy en torno a ella, bajo las formas evolucionadas de izquierda y derecha, aunque en los multipartidismos existen aún una serie de antiguas fracturas que permanencen *congeladas* en el seno de cada polo. Así, mientras la derecha sigue a veces separada entre liberales, conservadores y democristianos; la izquierda encuentra en algunos casos justificación para segmentarse entre socialdemocracia y movimientos más radicales (ya sea por su vinculación al comunismo o, de forma más novedosa, a cuestiones postmateriales).

Es, en todo caso, la tendencia a la moderación y la laicización la que hace que se consolide esta división primordial entre izquierda y derecha. Sólo allí donde continúa politizada la separación entre comunidades etno-territoriales, primordialmente por razones religiosas o lingüísticas, el sistema de partidos y la competición política obedece realmente a otra pauta distinta de la socieconómica. En este sentido, la aparición de partidos personalizados o vinculados a temas muy concretos no contradice el modelo, ya que la idea de *cleavage* se vincula a la estructuración permanente y no a fenómenos efímeros.

clientelismo político Situación de relación mutua entre los agentes del Estado y ciertos grupos o personas que, a cambio de apoyo político a aquéllos, aceptan el trato privilegiado que se les ofrece. Son muchas sus posibles manifestaciones y no existe un modelo absolutamente claro que permita diferenciarlo de otros comportamientos similares tales como el nepotismo, el caciquismo* o, en general, la corrupción política. Los precedentes se remontan a la sociedad romana, cuando la *clientela* identificaba una relación de dependencia económica y política entre sujetos de estatus diverso, que llevaba aparejada la protección jurídica y social de los intereses del cliente a cambio de, entre otras posibilidades, la defensa armada que éste hacía del denominado *patronus*.

Hoy han desaparecido las situaciones similares al servilismo romano y medieval, pero siguen existiendo comportamientos de clientelismo y patronazgo más o menos personalizado y afectivo entre actores de recursos políticos desiguales que obtienen ventajas recíprocas. Transacciones de este tipo son comunes en los procesos electorales y en diferentes instituciones como los partidos, los parlamentos o los aparatos administrativos. La contraprestación al apoyo político recibido suele manifestarse en recompensas cuantificables en dinero o cierto poder en la organización a través de la designación para algún cargo público.

coalición Alianza de fuerzas competidoras, aunque más complementarias que antagónicas, donde se materializa un equilibrio entre la escisión y el consenso dentro de la organización social. Al pretender conquistar o influir en el poder político, los actores que se combinan en una coalición, como los partidos, se benefician del conjunto de recursos disponibles por sus integrantes al precio de perder parte de su autonomía.

Cuando la unión se efectúa para mejorar la representación parlamentaria se habla de coalición electoral en la que varios partidos políticos o asociaciones presentan candidaturas comunes. También existen coaliciones legislativas, para apoyar una ley concreta, y pactos de legislatura en los que la concertación se hace en torno a todo un programa de gobierno. No obstante, la coalición más formalizada tiene su origen en la necesidad post-electoral de conformar mayorías gubernamentales estables distribuyéndose, para tal fin, las carteras ministeriales entre los partidos aliados.

Según las teorías de Riker, el tamaño de las coaliciones tiende a acercarse al mínimo necesario para ganar la mayoría. No obstante, por razones ideológicas, existen combinaciones imposibles y también existe la posibilidad, a la que suele acudirse en situaciones de crisis grave, de que todos los partidos relevantes lleguen a una gran coalición o *gobierno de concentración nacional*.

Como elementos impulsores de la formación de coaliciones políticas, además de factores coyunturales y pragmáticos, influyen la coincidencia en el rechazo de una determinada realidad política que se percibe como amenaza común y la presión de grupos que muestran su deseo de que determinadas fuerzas políticas lleguen a la unidad de acción. El resultado de las coaliciones puede ser muy diferente en función del grado de afinidad entre los que la conforman, de la capacidad de pacto que tengan los diferentes dirigentes y del mayor o menor equilibrio de fuerzas dentro de la coalición. Cuando se consigue un nivel importante de unión político-programática es usual que las coaliciones desemboquen en la creación de un nuevo partido político.

comicios Término que, empleado hoy como sinónimo de elecciones*, sirvió durante el período republicano de Roma (siglos IV-V a.C.) para designar a una asamblea representativa del pueblo. A diferencia del Senado*, los Comicios llegaron a alcanzar una naturaleza más democrática al ampliar su original composición patricia a plebeyos comprendidos en un censo económico. A este órgano dividido en tribus le correspondieron, según la época, funciones militares, legislativas, electivas (de cónsules, cuestores, ediles y pretores) y jurisdiccionales en procesos criminales.

comisario político Figura típica de la estructura militarizada que adoptó la revolución comunista durante la insurrección bolchevique de octubre de 1917. Sus objetivos eran la propaganda, la agitación política y, sobre todo, el control estricto de la ortodoxia doctrinal y la jerarquía organizativa.

comportamiento político *véase* conducti(vi)smo.

comunismo Doctrina que predica una organización social igualitaria a partir de la comunidad general de bienes. Es, además, el término con que se designan los regímenes políticos inspirados en ideologías marxistas* y, en general, el conjunto de partidos escindidos en 1919 del movimiento socialista* para agruparse en la Tercera Internacional.
Desde la figura de Platón, el pensamiento político occidental ha reflexionado y aspirado a una sociedad sin las diferencias e injusticias que se originan por la existencia de propiedad privada. La eficacia y moralidad de la misma fue también debatida, hasta la Reforma protestante, por el cristianismo. Este primitivo comunismo llegó a considerar la opresión política producida a consecuencia de la desigualdad en el reparto de la riqueza, pero nunca conformó un cuerpo ideológico coherente. A diferencia de la concepción contemporánea, aquel comunismo se limitó a recrear simples imágenes de naturaleza ultraterrena.

No obstante, el socialismo utópico del siglo XIX se suele considerar una de las influencias primordiales que recibió Marx. A partir de entonces, lo que había sido fantasma se convierte al fin en doctrina apoyada por una filosofía de la historia que explica y anuncia el devenir deseado. Con el manifiesto por el que se convocaba la unión de todos los trabajadores y se recreaba un futuro sin clases sociales, se ponen las bases para su efectiva aplicación que llega, por primera vez, en Rusia. Desde la dirección centralizada del partido, y a través de la llamada dictadura del proletariado, los bolcheviques* colectivizaron los medios de producción y planificaron la misma.
En el resto del mundo este método leninista*, que sacrificaba las libertades individuales y se apoyaba en un Estado autoritario, distinguió al comunismo de las corrientes anarquistas* y de la revisión socialdemócrata*. La derivación soviética hacia el estalinismo* vuelve a provocar el fraccionamiento de la izquierda radical, apareciendo otras variantes como el maoísmo* populista o el trotskismo* revolucionario, e incluso su variante principal en occidente se aleja de la ortodoxia para moderarse en el llamado eurocomunismo*. Tras la generalización durante los años ochenta del descrédito de la ideología, los partidos que mantienen la etiqueta se reorientan para acoger, junto a la tradicional identidad economicista, la reivindicación de cau-

sas políticas y culturales propias de la izquierda libertaria.

comunitarismo Corriente de pensamiento caracterizada por su oposición al liberalismo* ya que, a diferencia de éste, no considera a los individuos como portadores de derechos fundamentales* e intereses egoístas sobre los que se constituye un contrato artificial plasmado en la *Gesellschaft* (sociedad). Para el enfoque comunitarista, es más importante el vínculo natural basado en lazos orgánicos de identidad colectiva (lengua, cultura, religión) y en sentimientos esenciales que dan lugar a la *Gemeinschaft* (comunidad).

Los comunitaristas, como Heidegger, comparten la convicción de que el individuo se disipa, o debe hacerlo, ante realidades colectivas cercanas más fuertes o más valiosas. Eso supone, además, la crítica a la pretensión ilustrada de la universalidad, ya que cada comunidad establece una escala de valores que es la que realmente rige sin que puedan proclamarse desde el exterior principios supuestamente superiores. Así se conforma el relativismo cultural y la crítica a que el liberalismo, identificado con la civilización donde nació, pueda extenderse fuera de ese contexto o, incluso, imponerse a las diversas minorías que han emigrado a países occidentales.

La plasmación ideológica de la corriente no es unívoca pues, aunque todas sus versiones comparten la aversión hacia el individualismo, las hay tanto conservadoras como de izquierda. Por un lado, la idea de organicismo y respeto a los valores colectivos establecidos se conecta con la defensa de la jerarquía, la obligación patriótica y cierto tipo de nacionalismo culturalista. Por el otro, la crítica al egoísmo sirve para reforzar el sentimiento colectivo que aspira al reparto del poder y la riqueza. El marxismo (a través del concepto de clase) y el movimiento anarquista (por más que a veces se presente como libertario) llegan a acercarse al comunitarismo, aunque no comparten con él la crítica al internacionalismo cosmopolita. No obstante, es la llamada nueva izquierda la que está mucho más vinculada a él por haber incluido en su ideario la defensa del multiculturalismo y el postmaterialismo.

Incluso el liberalismo, aunque es sustancialmente contrario, comparte algunos rasgos con su supuesto antagonista. Así, a no ser que se presente en la versión jacobina*, su proclamada tolerancia le hace rechazar imposiciones beligerantes en contra de las identidades colectivas. Además, la fe de los liberales en sociedad vertebrada y el pluralismo* supone que, junto al individualismo, sea necesario desarrollar virtudes cívicas complementarias. El sentimiento de pertenencia a comunidades políticas concretas como la ciudad producirían esta necesaria cohesión y de ahí, por ejemplo, surge la variante de nacionalismo que no contiene rasgos esencialistas. También la socialdemocracia, proclamando a la vez su fe en la libertad y la solidaridad, pretende recrear una síntesis ideológica de salvaguarda de los intereses del individuo y de la comunidad.

conducti(vi)smo Enfoque politológico caracterizado por el estudio del comportamiento observable de los actores políticos a través de investigaciones cuantitativas. La escuela psicológica *conductista*, que proponía concentrarse en el examen de las reacciones estímulo-respuesta, influyó en otras áreas de conocimiento y pasó a conformar una escuela politológica denominada *conductivista*. El nacimiento del movimiento en los años cincuenta supuso una auténtica revolución de la disciplina, hasta entonces limitada al análisis más o menos formal de las instituciones, ya que por primera vez se aplicaba efectivamente el método científico en los estudios políticos. No obstante, su propia exigencia epistemológica le hizo descuidar la producción de teorías, restringiendo su interés, al concentrarse en las conductas observables y los ámbitos donde era posible medir.

Tras haber dominado la disciplina durante años, contribuyó al auge del siguiente paradigma la teoría general de sistemas, y hoy sigue compartiendo el protagonismo científico con otras corrientes, como la *rational choice*, el institucionalismo o el análisis de políticas públicas. Actualmente, con sofisticados instrumentos de medición, sigue estudiando su tradicional objeto que incluye cuestiones como la participación* y la apatía política, el voto*, la cultura política* o los partidos*.

consejo de ministros *véase* gobierno.

consenso Práctica propia de los sistemas pluralistas por la que se persigue la resolución pacífica de las controversias. Tiene una doble plasmación, según se trate del acuerdo general sobre los valores en los que se funda la democracia, o de la materialización de una determinada forma pragmática de superar el conflicto sin renunciar a la diferencia política. La primera acepción tiene que ver con la conformidad extensamente compartida con unos principios fundamentales o unos objetivos políticos basicos que suelen llevarse a la Constitución* de un régimen político. Como ninguna sociedad alcanza el consenso completo, los individuos o grupos que quedan fuera de él suelen limitarse o anularse por medio de controles sociales.

Por el contrario, si se concibe el concepto como estilo conciliatorio para acercar programas e intereses políticos distintos, no se presupone la existencia de unanimidad. Este segundo sentido de la idea de consenso se opone a la pauta de imposición mayoritaria y alude a la elaboración de compromisos y apoyos muy amplios durante la toma de decisiones políticas. Por tanto, es propio de las situaciones de inestabilidad donde se persigue formalizar el encuentro en acuerdos mínimos y moderados, ya que la persistencia de la discrepancia se considera más perjudicial. En las sociedades muy complejas es inevitable acudir a la institucionalización de estas prácticas si se quiere mantener la democracia. Surge así el consociacionalismo* y la protección a ultranza de las minorías que, como contrapartida, puede llegar a hacer inefectivo el triunfo relativamente mayoritario de una opción política y desvirtuar el principio básico sobre el que se sostiene la política democrática.

conservadurismo Movimiento o ideología que se define por su actitud favorable a las estructuras existentes y que se enfrenta a cualquier intento de modificarlas. Su plasmación más conocida arranca con la reacción que pretende defender las instituciones del Antiguo Régimen frente al envite de las revoluciones liberales*. Este conservadurismo, en el que destaca la figura de Burke, opta por defender el valor de instituciones como la familia o la religión y elogia la naturaleza frente a las transformaciones industriales. A pesar de esta oposición inicial a las reformas, el organicismo *tory* o el corporatismo demócrata-cristiano* van a admitir el nuevo modelo burgués aunque subrayando en un principio, más que el valor del mercado, la fuerza del nuevo Estado como instancia idónea para articular el mantenimiento de la armonía social.

Tras la aceptación del orden económico y político capitalista, con más énfasis en la defensa de la propiedad que en la de la libertad de empresa, su preocupación por la permanencia de los valores imperantes les lleva a enfrentarse con el marxismo. Carl Schmitt, criticando la pasividad burguesa para responder al reto socialista, propuso limitar el desarrollo democrático y reforzar el gobierno autoritario. Tras el triunfo de los bolcheviques en 1917 se inicia un proceso de difuminación de fronteras entre conservadurismo y liberalismo; de forma que la síntesis resultante va a ocupar el espacio de toda la derecha* a excepción del fascismo, cuyo carácter revolucionario es también rechazado.

En la actualidad el neoconservadurismo puede identificarse, en contraste con la orientación hacia el mercado o la desregulación de otras ideologías afines, con la reacción de rechazo contra la ampliación de las libertades, la permisividad en las costumbres o el multiculturalismo. De hecho, afirmando la idea de nación, familia, paternalismo, sentido del deber y religión, se enfrenta al liberalismo transnacional individualista. En todo caso, el carácter dinámico y relativo del concepto, y su posible aplicación a cualquier doctrina que defienda la autoridad, la jerarquía y las posiciones adquiridas, permiten atribuir el calificativo de conservador a otras tendencias políticas distintas de la derecha no extrema (como las comunistas en la Rusia actual o las fundamentalistas en los países de religión islámica).

consociacionalismo Modelo de funcionamiento de la democracia en los sistemas políticos en los que existe un gran pluralismo socio-cultural y donde la toma de decisiones por mayoría* simple puede provocar graves conflictos de convivencia. Se opone al modelo *Westminster*, propio de sociedades que están en principio muy cohesionadas por compartir la misma lengua, religión e identidad etno-territorial. Sin embargo, como el consociacionalismo se caracteriza por la institucionalización del consenso* y la garantía constitucionalizada de respeto a las minorías, las fragmentadas democracias que lo practican consiguen de hecho una convivencia política y social menos conflictiva. Según Lijphart, el consociacionalismo ideal está caracterizado por un marco institucional que incluye gobiernos de coalición entre múltiples partidos, división de poderes, bicameralismo, sistema electoral proporcional y amplia autonomía política territorial. El reparto de poder obliga a que los dirigentes de los partidos deban tener necesariamente en cuenta las posturas de sus rivales y se vayan tomando decisiones allí donde exista amplio solapamiento de convicciones. Se llega así, finalmente, a la elaboración de políticas públicas muy moderadas y a la imposibilidad de realizar reformas radicales que se apoyen en una mayoría relativa y coyuntural.

constitución Conjunto de reglas fundamentales por las que se rige un Estado y que, allí donde supera el mero carácter programático, se convierte en la fuente primaria del ordenamiento jurídico. Es decir, su contenido es de obligado cumplimiento por todos, incluyendo a los poderes públicos ulteriores, por lo que el conjunto de la legislación subordinada ha de estar informada por su espíritu. Aunque en principio también debe existir ajuste fiel a su letra, los intérpretes constitucionales suelen orientarse a garantizar el respeto a la finalidad de sus enunciados básicos. Se consigue así la pervivencia y la adaptación de textos muy antiguos a nuevas situaciones, si bien la resistencia a realizar reformas puede llevar a mutaciones que traicionan la idea original.

La constitución es un instrumento básico de la ideología democrática liberal*, ya que el gobierno sometido a ella tiene constricciones y contrapesos institucionales que limitan su poder y la posibilidad de que cometa arbitrariedades contra los individuos. De hecho, proclamando y protegiendo los derechos fundamentales* se pone en el mismo plano a la autoridad y a los gobernados. Estos textos básicos, por tanto, cumplen una doble función que, tradicionalmente, se ha denominado dogmática y orgánica. Mientras la primera alude a la proclamación de los principios primordiales del régimen político instaurado y a la protección de los derechos y libertades de los ciudadanos, la función orgánica se refleja en la articulación efectiva de la división de poderes*.

Las constituciones han ido evolucionado a lo largo de la historia desde su primera expresión liberal censitaria, a finales del siglo XVIII, que sólo aspiraba a la supresión del absolutismo* del monarca, la introducción de un parlamento en la estructura de gobierno y el reconocimiento de unos derechos mínimos para quienes eran considerados ciudadanos. Más adelante, la restauración del Antiguo Régimen obligó a compromisos entre la tradición y las recientes conquistas de la burguesía, que se expresaron a través de cartas otorgadas. Por eso, en realidad, el constitucionalismo democrático nace durante la segunda parte del siglo XIX cuando se consolida el parlamentarismo, se extiende el sufragio universal y comienzan a reconocerse derechos políticos y sindicales.

Durante el siglo XX, el progreso es aún mayor y, a partir del principio de soberanía popular, se acude a la inclusión de derechos sociales y, a menudo, la supresión de las cámaras aristocráticas o la sustitución de las monarquías por repúblicas. Hoy todas las democracias son constitucionales aunque, al menos, existen dos formas de concebir el papel de las normas básicas en la vida política. Así, aquellos modelos consociacionales* preocupados por preservar los derechos de las minorías, tratan de blindar el sistema contra posibles excesos autoritarios futuros y con-

ceden gran importancia al respeto de un detallado pacto constitucional que, normalmente, está asegurado por un tribunal independiente. Más orientativos y cortos resultan los textos fundamentales, que a veces ni siquiera están escritos, en las democracias basadas sobre el principio de la mayoría. En estos casos no se considera legítimo que el parlamento del momento esté sometido a la rigidez del pasado o al activismo judicial de un órgano no elegido.

control parlamentario Actividad del parlamento*, junto a la legislativa y presupuestaria, por la que se fiscaliza al gobierno y que, en los regímenes parlamentarios, incluye la propia investidura y cese del mismo. En los presidencialismos, la más eficaz división de poderes* durante la elaboración de las políticas públicas hace que las cámaras se concentren con éxito en la función decisoria mientras que, por la legitimidad democrática directa del jefe del del poder ejecutivo, sólo pueden destituir a éste en casos muy tasados y por medio del *impeachment* (o inculpación criminal).

En los parlamentarismos el control se plasma, en primer lugar, en la genérica comprobación periódica del grado de confianza que un determinado gobierno disfruta en la asamblea representativa. Su pérdida puede suponer la desaparición de la legitimidad para ejercer la función de gobierno y, en todo caso, ésta resulta más difícil. Cuando no se aprueba el presupuesto o una ley esencial y cuando se adopta una moción ordinaria descalificando la conducta del ejecutivo, es posible hablar de pérdida de confianza. Muchos sistemas permiten que, en casos de incertidumbre, el primer ministro pueda verificar explícitamente el apoyo político con el que puede contar a través de una votación ante el parlamento que refuerza al gobierno que preside o, caso de perderla, le obliga a dimitir.

Pero el mantenimiento o la pérdida de la confianza, a través de cuestiones o de otras manifestaciones indirectas del parlamento, es sólo un medio relativo de control. Existen otros mecanismos más expresamente orientados a esa función y que se activan a iniciativa de la oposición parlamentaria. El instrumento más trascendental es la moción de censura, a través de la que se puede exigir responsabilidad de naturaleza política al gobierno y llegar a cesarlo. Antes de que existieran los hoy muy estructurados parlamentos, cohesionados en grupos estables que surgen de los partidos, el ejercicio de la censura fue asiduamente utilizado. En sistemas muy fragmentados, este uso continuo conllevó numerosos cambios de gobierno e inestabilidad política. Como reacción, en los llamados parlamentarismos racionalizados de la segunda mitad del siglo xx, se fijaron normas restrictivas a la censura que incluyen un número mínimo de solicitantes y el establecimiento de sendos períodos de

tiempo, tanto entre la presentación y la votación, como entre el debate de dos mociones. Además, se opta por una censura constructiva que, al incluir la necesaria presentación de un candidato alternativo, permite asegurar la continuidad institucional. Menos dramático que la censura resulta el deber del gobierno de rendir cuentas por su actuación explicándose ante el parlamento. Esta *accountability** cotidiana no comporta la máxima sanción posible, la separación obligatoria del poder, pero es posiblemente más eficaz si se tiene en cuenta que la mayoría que apoya al gobierno en los regímenes parlamentarios cambia difícilmente su orientación. Las preguntas, las interpelaciones y las comisiones de investigación sobre el ejecutivo son ejemplos de estos mecanismos que, aunque menos trascendentales, fiscalizan mejor la labor de gobierno. Pretenden, sobre todo, obtener información y, así, las preguntas al gobierno o a alguno de sus miembros, persiguen esclarecer cuestiones concretas y pueden ser realizadas por cualquier parlamentario sobre temas en los que directa o indirectamente existe responsabilidad gubernamental. Por su parte, las interpelaciones versan sobre materias importantes de carácter general que provocan una discusión y, a veces, desembocan en un juicio de naturaleza política plasmado en la aprobación de una moción que contiene explícitamente la posición de la cámara. Por último, las comisiones de investigación son un instrumento colegiado por el que un grupo de parlamentarios ejerce facultades especiales de control y fiscalización justificadas por la necesidad de esclarecer ciertos asuntos políticos.

cooptación Fórmula empleada para cubrir las vacantes que quedan disponibles en una determinada corporación directiva o consultiva, a través del voto o decisión del resto de los integrantes de la misma.

corporativismo Enfoque politológico, teorizado originariamente por Durkheim, que asume que las interacciones entre los poderes públicos y algunos actores privados son particularmente intensas. Contrasta así con el alternativo pluralismo* liberal y afirma que tal simbiosis produce efectos sobre las políticas formuladas por el gobierno. Además, el término designa a la ideología o práctica política que pretende canalizar, a través de unas pocas corporaciones sociales como grupos de interés* o asociaciones voluntarias, la participación de los individuos en la toma de decisiones públicas. Se funden así las fronteras entre sociedad y Estado al conceder éste un papel privilegiado, a veces monopolístico, a ciertas organizaciones que representan determinados intereses y ejercen gran autoridad sobre sus miembros. Como consecuencia, el conflicto competitivo queda amortiguado y reemplazado por la intermediación cooperativa.

Existe una variante conservadora que promueve el fortalecimiento del Estado y el fomento de corporaciones profesionales verticales subordinadas a él, donde se integran trabajadores y empresarios. Frente a lo propugnado por el marxismo, niega la posibilidad de lucha entre clases socioeconómicas por lo que, para mantener tal ficción, es necesaria la existencia de un gobierno con mentalidad autoritaria. Aunque en una sociedad moderna de masas esta estrategia sólo puede adoptarse por regímenes dictatoriales, y de hecho formaba parte de las prácticas fascistas que justificaban así la no celebración de elecciones democráticas, es también frecuente en sociedades tradicionales donde domina una cultura jerárquica y organicista.

Por su parte, el llamado neocorporativismo es compatible con la existencia de partidos políticos y suele caracterizar el marco de relaciones entre grupos de interés y Estado en el norte y centro de Europa. En esos países, los gobiernos demócrata-cristianos y socialdemócratas garantizan el acceso de los primeros a la toma de decisiones a través de consejos tripartitos donde empresarios, sindicatos y gobierno están representados. Los acuerdos sociales a que dan lugar estas prácticas corporativas refuerzan a los actores privados frente al gobierno, que pierde así parte de su autonomía para gestionar la política económica. Las decisiones se suelen alcanzar por consenso entre las élites* directivas de las respectivas organizaciones, que renuncian a adoptar medidas económicas y sociales que sean absolutamente rechazables para el resto de implicados. Se puede determinar que un sistema político tiene un alto grado de corporativismo atendiendo a las elevadas tasas de afiliación sindical, al nivel centralizado de la negociación salarial y al reducido número de huelgas. El modelo neocorporativo está actualmente en crisis al ser difícil mantener la solidaridad intersindical cuando el *postfordismo*, o el decaimiento en los países avanzados de la producción en masa, ha diversificado tanto los sectores laborales. No obstante, permanece vivo allí donde existe jerarquía sindical sobre las bases, concentración empresarial y un Estado intervencionista pero flexible que favorece los pactos horizontales centralizados.

corrupción política Deterioro moral de un sistema de gobierno como consecuencia del ejercicio desviado de las funciones públicas por parte de sus responsables. Según la famosa sentencia de Lord Acton, el poder, en principio otorgado para servir a los intereses colectivos, tiende a ser abusivamente empleado para el logro de fines privados, normalmente de carácter material. Para impedirlo es necesario crear controles institucionales efectivos pero, en determinados contextos, sólo el desarrollo económico y la educación cívica pueden hacer más exigentes los códigos sociales y personales de conducta. Aunque ciertos autores han llegado a señalar funciones positivas al fenómeno, en los sistemas democráticos domina la idea de que la corrupción es negativa y supone riesgos importantes para la legitimidad del régimen cuando afecta a los partidos políticos.

cortes *véase* parlamento.

cultura política Elemento clave del enfoque teórico conductista* por constituir una importante variable, relativamente permanente, que determina el comportamiento político colectivo de un país. El carácter estructural de esta noción le confiere una gran ambición explicativa y, al mismo tiempo, provoca críticas a quienes la usan frecuentemente, que son acusados de pretender aplicar argumentos culturales a todo lo que no puede ser analizado de otro modo. Sus más clásicos investigadores, Almond y Verba, la conciben como el conjunto de orientaciones y actitudes específicamente políticas que ponen en relación al individuo con el sistema y configuran el papel que aquél debe jugar en éste, o en sus elementos, con independencia de su interés personal. Es decir, la cultura política consiste en la orientación que los miembros del sistema político desarrollan hacia ellos mismos como partícipes del proceso político, así como hacia algunos elementos del mismo (partidos, grupos de interés e instituciones).

Se configura como un procesamiento psicológico que va sumando sentimientos y conocimientos fundamentales sobre cómo funciona (y debe hacerlo) el poder político. Esta operación intelectual incluye tanto actores públicos como privados y es realizada por todo el país. No obstante, es posible que la subcultura de la élite sea distinta de la compartida por la masa y que existan variantes regionales o étnicas. La memoria colectiva, el conjunto de historias individuales, el desarrollo socioeconómico, el grado de cohesión etnoterritorial o la importancia de la religión son algunos de los factores capaces de generar creencias sobre el sentido de los objetos políticos, recrear escalas de valores y, finalmente determinar las conductas políticas de todo un grupo.

La cultura política se asimila por los miembros de una sociedad a través de un proceso de socialización en el que intervienen las familias, los partidos dominantes o los medios de comunicación. Una vez interioriza-

da, la cultura orienta la reacción ante nuevos estímulos y lo hace de diferentes maneras. Pueden diferenciarse, junto a muchas otras posibles clasificaciones, tres tipos de cultura política. La *parroquial* se distingue porque los individuos no tienen excesiva conciencia del sistema político en el que están inmersos y, por tanto, su participación es insignificante. La cultura subjetiva destaca por la existencia de relaciones pasivas en las que se muestra un particular interés hacia los productos políticos del sistema pero no hacia su elaboración. Por último, en la cultura participativa, caracterizada por un alto grado de civismo, sí hay articulación entre los ciudadanos y el sistema de elaboración de las políticas, de forma que se favorece la consolidación democrática. Es más, según Putnam, a mayor grado de vertebración y de implicación de una sociedad en los mecanismos institucionales de decisión, éstos aumentan su rendimiento.

D

Defensor del pueblo Figura originada en 1809 en Suecia, que controla la arbitrariedad de los poderes públicos y que puede traducirse como «persona que tramita», es decir, que no resuelve sobre el fondo de un asunto. Es una magistratura personal e independiente, nombrada por el parlamento para controlar la correcta implementación de las leyes y para defender los derechos fundamentales* de los ciudadanos en su contacto con la administración.

Tiene un papel disuasorio y su supervisión, que no acarrea consecuencias jurídicas, se traduce en la denuncia pública, a través de informes anuales, de la inactividad y el abuso administrativo. Para su labor cuenta con el apoyo de una oficina y actúa a partir de la presentación de una queja que, salvo que carezca por completo de fundamento, debe investigar. Pese a los obstáculos que los gobernantes ponen a menudo a su labor, la popularidad y eficacia en el ejercicio de sus funciones ha llevado a que se difunda en muchos ordenamientos constitucionales.

demagogia Concepto peyorativo que tiene su origen en la clasificación aristotélica de las formas de gobierno para designar aquélla en que el ejercicio del poder se realiza por la mayoría dirigente en beneficio propio y sin preocupación por el interés público de toda la comunidad. Hoy se conoce así a las prácticas de algunos líderes populistas* que intentan conquistar a grandes grupos por medio de una hiperbólica oratoria, a menudo exaltada, y una argumentación simple o falaz.

El control de las masas que se consigue con tan ampulosos métodos es esgrimido como legitimador de actitudes y políticas que, si se defendieran utilizando la deliberación y sin suscitar entusiasmos histéricos, no obtendrían tal apoyo colectivo. Autores liberales como Le Bon, Ortega o Schumpeter han teorizado sobre la potencialidades y peligros de la demagogia, pues ésta orienta irracionalmente a los manipulados hacia la solución violenta de problemas muy complejos.

democracia Concepto nacido en Grecia para definir la forma de gobierno donde la autoridad se ejerce por una mayoría* de los miembros de la comunidad política. Contrastaba así con los regímenes monocráticos (monarquía o tiranía) y elitistas (aristocracia u oligarquía), pero Aristóteles la consideraba condenada a corromperse hacia la demagogia* ya que la virtuosa *politeia* de la democracia directa no era plausible ni siquiera en el contexto histórico de la pequeña ciudad clásica. En sus primeras versiones el término alude a la necesidad moral de fomentar el pluralismo* y el igual acceso de todos los ciudadanos a los poderes que ejercen las funciones públicas. Más adelante, junto a esta connotación normativa que siempre le ha acompañado, la etiqueta sirve también para referirse a un determinado régimen político orientado por los principios del constitucionalismo liberal.

No fue en las primeras revoluciones burguesas cuando el término adquirió la connotación prestigiosa que hoy tiene y fue más adelante, coincidiendo con la extensión del sufragio y la implicación efectiva de las masas en la toma de decisiones, cuando pasó a ser un concepto central. No obstante, las dimensiones de las sociedades modernas hacen imposible una intervención directa de todos los ciudadanos en la toma de decisiones por lo que la canalización de esa demanda de participación*, con la que se vincula la idea de democracia, sólo es posible a través del mecanismo de la representación* y de la agregación de intereses en partidos políticos.

La democracia actual se caracteriza por ser un régimen que hace posible articular el pluralismo social y que periódicamente organiza consultas universales de las que emanan los poderes públicos que en verdad toman las decisiones. Además, como complemento o condición institucional previa, las minorías colectivas y los individuos como tales tienen mecanismos de protección frente a las arbitrariedades que puedan cometer gobiernos amparados por el apoyo mayoritario. Por tanto, dependiendo del énfasis que se dé al principio de consenso entre los diferentes grupos políticos o al principio de mayoría, estos regímenes han subrayado más o menos el respeto a los derechos fundamentales y la división de poderes* que, en todo caso, deben también estar presentes en toda democracia. De acuerdo con las dos posibilidades extremas mencionadas por Lijphart, frente al consociacionalismo* propio de los países culturalmente fragmentados se opone el llamado modelo *Westminster*, que se caracteriza por la concentración institucional del poder y la imposición como estilo de gobierno.

Convencionalmente, la democracia se define en oposición a los autoritarismos* pero el atractivo del término ha llevado a que, a menudo, las dictaduras fascistas y comunistas se bauticen con las denominaciones de democracia orgánica o popular. Por otro lado, los seguidores de Rousseau, que se adscriben hoy a la teoría crítica de la política, tampoco consideran legitimadas como tales las autoproclamadas democracias representativas, ya que éstas se limitan a un mero procedimiento de selección de élites dirigentes. Sin embargo, ése es justo el ideal que, para pensadores conservadores como Schumpeter, debe perseguir la democracia. Para él se trata sólo de «un orden institucional, al igual que el mercado, en el que distintos grupos y personas compiten para ganarse los votos de los electores, de los *consumidores* políticos»; por lo que la radicalización de las expectativas ciudadanas o una participación excesiva desestabiliza al sistema y lo hace ingobernable*.

Pero la democracia actual, aún siendo tan imperfecta que es preferible denominarla como mera poliarquía*, no es un régimen caracterizado sólo por el respeto a unas formas. Aunque no prejuzgue los resultados sustanciales a que puede llevar, lo cierto es que el simple hecho de otorgar el gobierno *del* pueblo a dirigentes designados y controlados *por* él, hace que éstos se esmeren en satisfacer las demandas de aquél. Como han demostrado los estudios comparados sobre las recientes transiciones*, el paso de una dictadura a un modelo caracterizado por las libertades individuales, el sufragio universal, el pluralismo de partidos y la centralidad de la ley implica, además de todos esos logros liberales, una tendencia a que las políticas gubernamentales se ejerzan *para* el bienestar del pueblo.

Es decir, en la democracia actual se combinan el respeto a los procedimientos, en términos de *accountability** electoral periódica, con la formación de políticas que persiguen satisfacer las demandas de amplios segmentos del electorado, al tiempo que se permite la existencia de contrapoderes institucionales y de una oposición política. En consecuencia los populismos*, que tanto preocupaban a Aristóteles como degeneración de la regla de la mayoría, no pueden considerarse un exponente de la misma pese a estar sustentados por un apoyo plebiscitario masivo. De hecho, la democracia parece exigir el complemento de una relativamente madura sociedad civil* y de ahí que, al vincularse ésta con un cierto desarrollo económico, la modernidad estructural y la democracia tiendan a combinarse.

democracia cristiana Concepción político-social, remotamente inspirada en las ideas de Tomás de Aquino, originada en la Europa continental como reacción a la aparición del nacionalismo y, sobre todo, del socialismo de masas. En el tránsito entre los siglos XIX y XX, ante la difusión del movimiento obrero y el paralelo declive progresivo de la influencia de la Iglesia católica, ésta comienza a impulsar a través de encíclicas papales (como la *Rerum Novarum* o *Quadragesimo Anno*) un papel político, educativo y sindical más activo. Pretendía así adaptarse a la democracia, reconquistando el protagonismo que históricamente había tenido hasta la irrupción en Occidente de la anticlerical Ilustración.

El contenido programático, según sus propios teóricos como Jacques Maritain, se conecta al Evangelio aunque es más ajustado ubicar a la democracia cristiana con otras ideologías consideradas de centro* o de derecha*. Se distingue, en todo caso, del secularizador liberalismo individualista y, aunque acepta el mercado y la propiedad, propugna prácticas corporativas*, la defensa de la institución familiar y la presencia de un Estado subsidiario que mantenga la cohesión social por medio de políticas redistributivas.

Los partidos *populares* surgidos a partir de este movimiento han sido particularmente importantes allí donde cristalizó un *cleavage** entre burguesía laica y confesional (caso de Italia) y en países de gran pluralismo religioso (como en los Países Bajos). No obstante, la expresión política de la democracia cristiana ha solido agrupar bajo una misma formación a católicos y protestantes en los casos en que, como Alemania, ambas comunidades conviven en una misma nación. La democracia cristiana, que hoy ya no se considera necesariamente confesional, mantiene su éxito político en Europa occidental, donde viene promoviendo la integración supranacional. También ha conseguido un relativo protagonismo como ideología moderada, que propugna los derechos humanos y el capitalismo corregido, en Europa del Este y América Latina.

democracia orgánica Término acuñado en España para calificar la supuesta naturaleza democrática de las instituciones representadas en las Cortes franquistas: familia, municipios y sindicato vertical. Respondía a la construcción corporativa* del Estado fascista.

derecha Conjunto de posicionamientos y actitudes que se traducen en la preferencia por el sentido del deber, la tradición y la diferenciación jerárquica. Esta última puede servir, según las distintas versiones de derecha, para reconocer los méritos personales o, simplemente, reproducir los privilegios heredados de la aristocracia. En la historia, tal concepto se remonta a los años de la Revolución francesa por la ubicación física en los llamados *Estados Generales* de los nobles que, en oposición a los burgueses situados a la izquierda* en dicha cámara, eran partidarios de mantener el *Ancien Régime**. Con el triunfo de la ideología liberal y el derrocamiento de los absolutismos, la derecha pasa a identificarse con la nueva clase burguesa que defiende el orden frente al incipiente movimiento obrero, encarnación emergente de los deseos de reforma progresista.

Sus manifestaciones históricas van desde el extremo fascista*, autoritario e incluso racista, hasta el liberalismo* que acepta la democracia si no se pone en peligro la propiedad y el mercado. En la actualidad el término, que tiene, pues, un contenido semántico muy amplio, se suele reservar para designar peyorativamente al conservadurismo* que reacciona frente a los supuestos excesos igualitaristas provocados por el reconocimiento universal de las libertades políticas y los derechos sociales. La derecha defiende instituciones colectivas esenciales como la familia, la religión o la nación y, en sus variantes corporatistas, promueve el Estado fuerte paternalista. No obstante, su creencia de que la justicia social no debe implicar igualdad redistributiva sino recompensa a la responsabilidad individual, hace que sea crecientemente hostil a la intervención pública en la economía.

derecho político Rama del derecho público encargada del análisis de las normas que regulan la organización y el funcionamiento del poder político y de las relaciones de éste con los ciudadanos. Actualmente puede considerarse sinónimo de derecho constitucional y ha sido el nombre formal con el que los juristas han estudiado esta disciplina en España. No obstante, ha constituido también el soporte para la enseñanza de la ciencia política en las facultades de derecho de este país.

derechos fundamentales En contraste con la idea absolutista de soberanía, que concedía a la autoridad pública un poder ilimitado de intromisión en la esfera privada del ciudadano, las revoluciones liberales acotaron una serie de ámbitos de privacidad donde el individuo no podía ser molestado. Nacieron así los derechos fundamentales como la síntesis que resulta de combinar las dos tradiciones filosóficas humanistas y cosmopolitas del siglo XVIII: el iusnaturalismo y el racionalismo ilustrado. Aunque los catálogos decimonónicos reconocían las libertades más básicas como la de expresión, la de asociación o la ideológica y religiosa, se vincularon también a los intereses económicos de la burguesía e incluyeron la garantía de protección de la propiedad o el libre movimiento. Posteriormente, el desarrollo democrático ha subrayado la importancia de estos derechos y ha incluido mecanismos eficaces de defensa jurisdiccional de los mismos. Así, la inicial técnica consistente en plasmarlos en declaraciones no vinculantes (Virginia en 1776 o Francia en 1789) fue depurada en el constitucionalismo posterior que positivó nuevos derechos, como el de huelga o sindicación, y dotó a todos de más eficaces garantías. Hoy, en la medida en que los derechos fundamentales estén ampliamente reconocidos y protegidos, se puede hablar de que un determinado sistema político constituye un Estado de Derecho.

Los derechos fundamentales, reconocidos a la población en general, suelen distinguirse de los derechos políticos, que se relacionan con la participación en los asuntos públicos de la nación y se restringen a los ciudadanos*. A partir del período de entreguerras se ha llegado también a reconocer, como valores dignos de protección, una serie de aspiraciones al bienestar económico y cultural, pero estos derechos sociales merecen menores defensas que las tradicionales libertades que se vinculan al individuo. Y es que aunque en muchas democracias se reconoce que los poderes públicos deben evitar las injustas desigualdades, sigue considerándose más exigible que éstos no cometan arbitrariedades. Así, incluso hoy existen movimientos politizados, como el que reivindica en Norteamérica los *civil rights*, que pretenden ampliar los catálogos o denunciar amenazas persistentes y discriminaciones sobre los ya reconocidos.

Aunque es frecuente utilizar indistintamente las expresiones derechos fundamentales y derechos humanos, existe una diferente significación en función del ámbito en el que se empleen. Así, los primeros se refieren a los derechos jurídicamente vinculantes a nivel interno, mientras que los últimos designan los derechos supuestamente naturales positivados en tratados internacionales. Por tanto, los derechos fundamentales, al quedar recogidos en las constituciones nacionales, suelen disfrutar de un mayor grado de concreción y garantía efectiva a pesar del consenso expresado sobre los segundos en la ONU a través de la Declaración de Derechos Humanos de 1948 y el Pacto convencional de 1966. Aunque en el mundo democrático se violan ocasionalmente, es en los regímenes dictatoriales donde se produce una sistemática falta de consideración a los mismos. El *relativismo cultural* ha llegado incluso a justificar esta situación, apelando al origen occidental de estos derechos y el supuesto etnocentrismo que supone el pretenderlos universales.

descentralización Variante de organización territorial del Estado donde los gobiernos local y/o regional gozan de cierta autonomía para decidir y gestionar en determinadas materias. El concepto parece ir acompañado de una connotación democratizadora y dinámica, ya que implica la existencia previa de un único centro decisor. Aunque éste continúa monopolizando la soberanía estatal, por medio de la descentralización transfiere recursos que pueden medirse de acuerdo con el margen de autogobierno político, la capacidad financiera y las funciones de gestión concedidas.

La idea se identifica con modelos unitarios donde el centro otorga poderes a la periferia pero, a diferencia del federalismo*, se reserva cierto control o tutela sobre ella. Es frecuente que la descentralización regional se produzca como consecuencia de las demandas regionalistas y que, además, no se limite a una mera delegación administrativa. En estos casos en que se crean órganos políticos realmente autónomos, con amplias competencias ejecutivas e incluso legislativas, las relaciones intergubernamentales* pueden ser tan complejas como las que caracterizan a estados federales sin que el nivel territorial central pueda ejercer en la práctica su supremacía formal.

desobediencia civil Desafío público y abierto a la autoridad que suele expresarse en la resistencia al cumplimiento de la ley vigente y la aceptación voluntaria de la sanción que tal actitud conlleva. Se distingue tanto del delito común como de la objeción de conciencia* ya que, a diferencia del primero, no pretende ocultarse ni responde a motivos de cálculo personal; y, en contraste con la segunda, supone una rebeldía que no está permitida. La desobediencia civil, por tanto, es un tipo de presión que trata de influir en el proceso político con el fin de transformar los valores y el marco jurídico de una sociedad. Aunque ocasionalmente pueda acudir a métodos violentos, suele expresarse a través de la resistencia pacífica de forma que es fácilmente distinguible de los fenómenos terroristas.

desregulación Fenómeno extendido a partir de los años ochenta por el que el Estado, muy presente hasta entonces en la gestión de la economía, reduce su papel en la esfera de producción de bienes y en la prestación de servicios profesionales, esto es, los no considerados sociales. El intervencionismo directo, a través de un robusto sector público, o indirecto, por medio de una vigilancia estrecha sobre los empresarios privados, se sustituye por una mayor confianza en la *mano invisible* del mercado como mecanismo de asignación de recursos que satisface más eficazmente el interés general.

El término puede solaparse con el de privatización ya que ambos conceptos se entienden, en general, como la cesión de funciones del sector público al privado. Sin embargo, la privatización supone la transferencia de propiedad o venta de activos de empresas estatales a entidades particulares; mientras que la desregulación tiene que ver con la promoción de la competitividad a través del mecanismo del mercado. En todo caso, la liberalización producida lleva más bien, como señala Majone, a un proceso de re-regulación, ya que se diseña todo un nuevo marco normativo para permitir la efectividad de la competencia entre los actores privados. Además, se crean nuevos órganos, a menudo autónomos, que arbitran la nueva situación y siguen imponiendo estándares medioambientales, laborales o sanitarios.

La desregulación se introduce, de un lado, por cambios legales que permiten la liberalización de sectores económicos que, a pesar de estar ya protagonizados por personas privadas, estaban constreñidos por reglamentación (como ocurre con la banca o las profesiones liberales); y, de otro, por el desmantelamiento de monopolios estatales cuya existencia ya no puede justificarse pues la atención al interés general se consigue mejor con la presencia de competidores (caso de las telecomunicaciones o la energía).

Los fallos del mercado, la existencia de bienes públicos puros naturales, las externalidades, las economías de escala, la necesidad de un desarrollo no dependiente del extranjero, la redistribución social (pleno empleo) y territorial o los bienes preferentes habían justificado el dirigismo. Sin embargo, tras la crisis de la ortodoxia keynesiana y la percepción de los defectos del intervencionismo, se adopta esta estrategia desreguladora que se anima por factores políticos como el neoliberalismo o una mayor fe en la sociedad civil. Allí donde no existe este incentivo ideológico, el proceso ha sido menos rápido pero, finalmente, se ha activado como consecuencia de pragmáticas exigencias administrativas para racionalizar el sector público, económicas, con el fin de reducir el déficit público, o exteriores, de acuerdo con las directrices de una organización internacional. Aunque el auge de la teoría económica del *laissez-faire* ha reducido el activismo público, es consustancial al debate político que no existan respuestas definitivas sobre el nivel óptimo de intervención estatal.

dictadura Fórmula política que tiene sus orígenes históricos en la práctica del Senado romano, que, en caso de guerra o estados de emergencia, dotaba a un hombre de poderes absolutos durante un tiempo determinado sin que por ello quedase derogado el ordenamiento político existente. Aunque algunas constituciones, como la alemana de Weimar, prevén situaciones excepcionales que la justifican, actualmente suele emplearse para designar al sistema de gobierno contrapuesto a la democracia*. Se define, en esencia, por la ausencia de división de poderes, la propensión a ejercitar arbitrariamente el mando en beneficio de la minoría que la apoya y la inexistencia de prestación alguna de consentimiento por parte de los gobernados. Frente a otros conceptos más neutros y genéricos como el de autoritarismo*, la idea de dictadura resalta la característica personal y la ambición de quien detenta el poder. Se suele enaltecer a éste sobre el grupo presentándole como alguien sacrificado sin contrapartidas, capaz de entregar su propia vida por su pueblo, y a menudo se le rodea de cierta sobrenaturalidad. De este modo es frecuente que se apele a una situación extraordinaria para legitimar la duración, normalmente vitalicia, de la dictadura. No obstante, sobre todo en los casos en que ésta tiene carácter militar, religioso o ideológico, suele pretenderse la sucesión en otro tirano.

Las dictaduras pueden llegar a contar con un apoyo mayoritario pero, en todo caso, se caracterizan por negar la posibilidad de que, por un procedimiento institucionalizado, la oposición pueda llegar al poder. Si el grado de represión de la misma persigue su aniquilación, y existe una doctrina que la respalda, la dictadura se denomina totalitaria*.

dilema del prisionero *véase* teoría de juegos.

división de poderes Principio de organización política por el que las distintas tareas de la autoridad pública deben desarrollarse por órganos separados. La división tradicional se ha basado en la existencia de tres poderes que se justifican por necesidades funcionales y de mutuo control. Además, en los sistemas democráticos se concibe como un complemento a la regla de la mayoría ya que gracias a él se protegen mejor las libertades individuales.

Aristóteles, en la consideración de las diversas actividades que se tienen que desarrollar en el ejercicio del gobierno, habló en su momento de legislación, ejecución y administración de la justicia. Sin embargo, quienes realmente aparecen como formuladores de la teoría de la división de poderes son Locke y Montesquieu. Ambos parten de la necesidad de que las decisiones no deben concentrarse, por lo que los órganos del poder han de autocontrolarse a través de un sistema de contrapesos y equilibrios *(checks and balances)*. La primera división que efectúan separa el poder entre la corona y las demás corporaciones y, a su vez, dentro de éstas distinguen los poderes legislativo, ejecutivo* y federativo; aunque Montesquieu sustituye el último término, que Locke relacionaba con los asuntos exteriores, por el judicial.

La defensa de la división de poderes se convierte a partir de ambas aportaciones en objeto principal del constitucionalismo liberal, que encuentra así un modelo institucional opuesto al absolutista. Además, esta fragmentación incluye la organización del legislativo en un parlamento bicameral*; la división del ejecutivo entre gobierno y burocracia; y en algunos casos, una adicional división territorial del Estado. Todo ello, junto con la existencia de unos derechos fundamentales, pasa a ser un requisito imprescindible para evitar la arbitrariedad del poder público y, por tanto, conseguir garantías para la autonomía individual de la acción. Los dos más significativos ejemplos de la aplicación pionera de la división de poderes fueron las constituciones post-revolucionarias norteamericana y francesa. En los dos casos, el legislativo gozó en principio de primacía sobre el resto de los poderes y se dotó de independencia rigurosa al poder judicial. En Francia la limitación de la acción del ejecutivo, al tener que observar el principio de legalidad, suponía que el parlamento* dominado por la burguesía podía controlar al gobierno emanado del rey. En Estados Unidos, por el contrario, el propio jefe del Estado era elegido democráticamente y la cuestión tenía más que ver con la distribución de responsabilidades que, siguiendo el diseño de Madison, quedaban parcialmente solapadas a través de la posibilidad excepcional de que el Congreso destituyera al presidente, de que éste vetase ciertas leyes, y de que los jueces pudieran reinterpretarlas.

Posteriormente, se asiste a un desplazamiento del protagonismo hacia el ejecutivo como consecuencia primordial de la expansión de tareas del Estado y la evidencia de que sólo el gobierno y la administración son capaces de absorverlas. A pesar de esta tendencia, la respectiva y diferente legitimidad democrática del ejecutivo y el legislativo que es propia del presidencialismo norteamericano, hace mantener la independencia entre poderes.

Por su parte, en el constitucionalismo inspirado por Francia e Inglaterra, la dirección del ejecutivo por la corona fue reemplazada por una designación parlamentaria del gobierno y, de esta forma, los poderes ejecutivo y legislativo pasaban más bien a ser interdependientes y derivados de la misma mayoría. Así, en el parlamentarismo europeo, la división de poderes sólo se garantiza para el poder judicial, mientras que el poder legislativo, especialmente en los casos de estabilidad gubernamental, puede resultar paradójicamente más marginado del proceso decisorio que en el presidencialismo. Frente a los riesgos que conlleva esta concentración de poder, puede apelarse a las ventajas de una mayor coherencia en la elaboración de las políticas y, consiguientemente, una responsabilidad democrática más directa.

E

ecologismo Ideología vinculada a la postmodernidad y a la aparición de una escisión política novedosa que separa, en las sociedades que han alcanzado determinado desarrollo económico, a los individuos y grupos orientados o no hacia demandas materiales. El ecologismo proclama la inteconexion de toda la naturaleza y, en su versión más activista, otorga prioridad al mantenimiento del equilibrio del ecosistema sobre los intereses del hombre, que es sólo una parte más del mismo. Contrasta así con el antropocentrismo predicado por el liberalismo clásico y, por este motivo, se le ha conectado con el conservadurismo organicista.

Sin embargo, el propio ecologismo se ha plasmado en un movimiento político progresista, el *verde*, y ha dado lugar a la incorporación de las cuestiones medioambientales en los programas de los partidos clásicos, preferentemente los de izquierda. Indirectamente, además, ha constituido uno de los factores que han animado la expansión del intervencionismo gubernamental en la proteccion de la naturaleza y en la lucha contra la destrucción de la misma a causa de la deforestación o la contaminación.

Hasta su surgimiento, la teoría política no se había preocupado apenas del medio que rodeaba al hombre y, de hecho, la autoproclamada victoria de la humanidad se produjo cuando ésta consiguió crear un entorno artificial que, sin embargo, en poco tiempo, cambió su función defensiva por una actitud agresiva y amenazante contra la misma conservación del planeta. Pese a sus indudables aportaciones, la ideología ecologista tiene dificultades para presentar una solución pragmática al problema de compatibilizar crecimiento, especialmente en el mundo no industrializado, y respeto al medio. Esta difícil síntesis, así como el mantenimiento de la libertad individual en el actual contexto, relativamente hostil con el intervencionismo estatal, lleva a acuñar conceptos como el de *desarrollo sostenible*.

ejecutivo Uno de los tres elementos clásicos, junto al legislativo y el judicial, que resulta de la división de poderes* preconizada por Locke y Montesquieu para reemplazar el absolutismo por una organización política liberal. En principio, como su nombre indica, su función debía limitarse a la implementación de las leyes y decisiones emanadas del parlamento representativo pero, debido al desarrollo democrático, constituye hoy el el eje principal de la elaboración de las políticas. Aunque sigue sin corresponderle la toma formal de las resoluciones más importantes, el componente político del ejecutivo (el gobierno*) impulsa la mayor parte de las iniciativas públicas; mientras que el componente organizativo del mismo (la administración*) encarna materialmente el muy extendido protagonismo de los poderes públicos en la vida cotidiana. Hoy, la justificación de la separación de funciones en el seno de la autoridad reside en la creciente complejidad organizativa del Estado, que exige una multiplicación orgánica. El ejecutivo sería el poder cuyo papel se ha expandido más y, así, está constituido por numerosas agencias que prestan servicios regulares a la sociedad, como la policía, la seguridad social, la educación pública o el ejército. Obviamente, en el seno del ejecutivo, ha de resaltarse la importancia de la burocracia* que, aunque subordinada a los cargos políticos, cuenta con la ventaja de la permanencia frente a las periódicas variaciones en los puestos electivos. No obstante, también es cierto que a veces se reserva la denominación de *ejecutivo* para designar al gobierno que, pese a ser sólo su pequeña cima, concentra un extraordinario poder y, en democracia, una considerable legitimación que le permite dirigir de hecho el proceso político. La configuración actual del poder ejecutivo responde a una serie de desarrollos históricos que han ido robusteciéndole en competencias y apoyo popular. Por lo que respecta a este último, la evolución en los modelos parlamentarios llevó de un inicial ejecutivo unitario, cuando el rey controlaba en solitario la formación del mismo, a un sistema dualista, donde el jefe del Estado y el legislativo designaban conjuntamente al gobierno. Posteriormente, los parlamentos consiguieron la exclusiva en el nombramiento del órgano colegiado de gobierno o, como suele ser más normal, del primer ministro*, que selecciona a continuación al resto de los miembros. De esta forma, se ha llegado a un vínculo bastante directo entre elección popular y formación del ejecutivo e, incluso, aquélla puede ser directa, como es nota característica de los presidencialismos*.

elección pública Corriente teórica y analítica que pretende aplicar el enfoque de *rational choice** (o elección racional) a la provisión de bienes públicos. El individualismo metodológico que propugna parte de la asunción de que, en política, se persigue siempre la maximización racional de beneficios. En lo referente a los bienes públicos, esa función de utilidad se canalizaría a través del voto que expresa el conjunto de preferencias del elector. Dado que no se puede privar a nadie del disfrute de estos bienes por medio de un precio, éstos no se asignan según la lógica de mercado sino de acuerdo con la demanda colectiva. Los políticos, interesados en aumentar sus posibilidades de reelección, interpretarían esa demanda y tratarían de contentarla.

El problema, según los teóricos de esta perspectiva, es que al quedar la provisión de los bienes públicos en las exclusivas manos de los gobiernos, se corre el peligro de incurrir en una ineficiente elección pública que perjudica las satisfacciones generales de la sociedad civil. Por ello, los fallos del gobierno, sometido a las presiones de determinados intereses y de la burocracia, en la asignación de bienes públicos, pueden empeorar el bienestar de la ciudadanía o provocar injustas transferencias de un grupo social a otro. La solución a este problema no pasa por la unanimidad como toma de decisiones, dada la posibilidad de chantaje que supone el veto, ni por la mayoría simple que, como teorizó Condorcet, se somete a la paradoja de la votación cíclica y supedita las decisiones colectivas al orden del día. La solución consistiría más bien en respetar la llamada *mayoría óptima* donde los beneficios de una decisión son superiores a los costes, pero dicho umbral es difícil de alcanzar sin un comercio, explícito o implícito, del voto en negociaciones entre las distintas preferencias individuales.

Según la mayor parte de los autores adscritos a esta corriente, los gobiernos son propensos a decidir defectuosa o injustamente y, por tanto, se propugna minimizar el protagonismo del Estado y consentir que la política adquiera eficiencia si se rige como intercambio contractual entre individuos guiados por la racionalidad del egoísmo. La igualdad ante la ley y la libertad de mercado sólo exigen un Estado árbitro pero no redistribuidor, dado el derecho natural a la propiedad y el deseo de los individuos libres de que el orden social sea sólo el resultado de un pacto de no agresión. La elección pública queda, pues, conectada a la ideología neoliberal, y sus impulsores originales, como Buchanan o Tullock, postulan un menor intervencionismo estatal en las sociedades capitalistas. No obstante, autores no vinculados a la nueva derecha han cultivado también el enfoque que, como marco analítico novedoso, pretende estudiar la toma de decisiones políticas con instrumentos propios de la economía y sin prejuzgar necesariamente conclusiones ideologizadas como las mencionadas.

elecciones Procedimiento por el que los miembros de una organización escogen a un número menor de entre ellos para ocupar determinados cargos. La amplitud del concepto posibilita su aplicación tanto para la selección de parlamentarios que ocupan un puesto en una asamblea (función de representación) como para la designación concreta de la persona que ha de desempeñar una función pública (función de gobierno). En los sistemas democráticos, la periódica celebración de elecciones competitivas y con garantías supone, además, una importante función de legitimidad.

En toda elección, un cuerpo electoral con derecho al sufragio activo selecciona entre los candidatos que pretenden desempeñar un papel público en el futuro y que gozan del derecho de sufragio pasivo. Existe un procedimiento formal y estable por el que periódicamente se desarrolla la votación* y que constituye el sistema electoral*, que transforma las preferencias de los electores en efectivos resultados.

Los procesos electorales se caracterizan por una sucesión de etapas que se inician con la convocatoria electoral y culminan en la proclamación oficial de candidatos electos. Fases intermedias son la presentación y proclamación oficial de candidaturas, la campaña electoral, la votación y el escrutinio u operación de recuento de los votos emitidos.

élite Término de origen francés que, derivado del verbo *élire* (escoger), comienza a usarse en el siglo XVII para referirse a la mejor parte de un conjunto de cosas y a la minoría selecta de personas que poseen un grado superior de cualidades (carácter, habilidad, inteligencia) que les llevan a los índices más elevados de excelencia en una materia. El concepto ha ido sufriendo modificacio-nes progresivas de significación, y su empleo se ha extendido a otros idiomas europeos, ya que un siglo más tarde empezó a ser habitualmente empleado para designar determinados grupos sociales donde se concentraba la riqueza económica y el prestigio.

En la actualidad, y desde las teorías de Pareto y Mosca, que se remontan al primer tercio del siglo XX, la élite designa a todos aquellos que tienen posiciones de hegemonía en un grupo colectivo. Sea cual fuere la esfera de actividad, las organizaciones son sistemas de dominio donde una minoría ejerce el poder. Existe por tanto una élite no gobernante pero también y, junto a ella, unas oligarquías* que monopolizan la política tanto en las instituciones de gobierno como, según demostró Michels, en los partidos.

Esta perspectiva se acerca a la del corporativismo* al negar tanto la dispersión del poder político como la vinculación necesaria del mismo a la posición económica y al liderazgo sobre unas pocas organizaciones. Además, la teoría de élites se enfrenta respectivamente al paradigma pluralista* liberal y al marxismo*, ya que la élite gobernante sería la minoría de individuos que detentan el poder con independencia de su adscripción a una clase social determinada. Su reclutamiento es restrictivo, a menudo endogámico, y sólo se reconoce que en algunos sistemas democráticos, que deberían designarse más correctamente como poliarquías, pueden existir mayores posibilidades de circulación.

Aunque el enfoque parece pretender una crítica de la tendencia que hace concentrar la autoridad en unos pocos, lo cierto es que sus seguidores más conservadores, en principio sólo dedicados a señalar empíricamente que tal fenómeno es universal e inevitable, han terminado defendiéndolo como conveniente. Para estos elitistas normativos que siguen a Aristóteles, siempre y cuando exista una auténtica selección aristocrática* que sea reconocida por los dirigidos como hegemónica y ejemplarizante, se evitará la ingobernabilidad que amenaza a las democracias.

Estado Concepto central de la ciencia política que designa la forma de organización jurídico-política por antonomasia, nacida en Europa en el siglo XVI y que ha sido adoptada posteriormente de manera universal. Teorizado por Maquiavelo, surge en paralelo a la idea de soberanía* y etimológicamente supone la plasmación estática de ésta. Es decir, representa la formalización de una autoridad permanente y pública que domina, por el interés general, un espacio territorial cerrado y a las personas que en él viven. Frente al continuado y anárquico cambio social, el Estado supone la obediencia o la relación de dominación de unos hombres sobre otros que pone fin a la supuesta guerra civil. En definitiva, y en palabras de Weber, es la asociación que, dentro de unas fronteras espaciales, reclama para sí el monopolio de la violencia física legítima*.

El Estado es, al mismo tiempo, una comunidad política estable que agrupa una población en interacción social; e institución jerárquica fundada sobre impuestos y leyes que regulan a ese grupo humano. En ese último sentido el concepto se enfrenta al de sociedad civil* y se acerca a la noción amplia de gobierno* como aparato en el que residen los poderes públicos, que se plasman en ejército, burocracia o diplomacia exterior. No obstante, la idea de Estado es más amplia ya que incluye la definición de los intereses permanentes de la organización y no se limita, como el gobierno, a la dirección del proceso político presente.

Existen muy diferentes concepciones de lo que representa el Estado, tanto en la historia como en la actualidad, que normalmente se reflejan en doctrinas prescriptivas sobre el papel que debería jugar en el futuro. Con independencia de las formas políticas pre-estatales (polis clásicas, imperios antiguos y reinos medievales), el Estado moderno surgió con la teoría absolutista* que pretendía justificar monarquías fuertes para evitar que la competición feudal o religiosa arruinara a Europa. Posteriormente, cuando dicha función estaba asegurada pero el Antiguo Régimen y el mercantilismo proteccionista perjudicaban los intereses de la burguesía ascendente, las revoluciones liberales aportaron un nuevo diseño de Estado como mero guardián, mínimamente implicado en la regulación de la actividad social y respetuoso con el libre comercio y ciertos derechos individuales.

De ahí que la teoría marxista concibiera al aparato estatal como simple expresión instrumental de la clase dominante que era necesario eliminar. No obstante, el socialismo posterior considera la posibilidad de utilizarlo estratégicamente y convertirlo en el garante supremo de la eliminación de desigualdades. Pero mientras los totalitarismos comunistas conciben un utópico futuro sin Estado, que les acerca al anarquismo* autogestionario, la socialdemocracia niega la conveniencia de su desaparición y basa su programa en una combinación entre respeto a la libertad y afirmación de un fuerte Estado del bienestar* que intervenga activamente en la producción.

De hecho, la síntesis entre Estado social y liberal de derecho constituye actualmente el paradigma normativo de las democracias económicamente más avanzadas. No obstante, y aunque se reserva así en éstas un importante papel al Estado (que aumenta en los regímenes autoritarios o en los países subdesarrollados, ya que es necesario contar respectivamente con un aparato represivo o una agencia de crecimiento), parece existir cierta encrucijada que plantea una crisis del modelo. Los estados han de compartir la gestión de las competencias materiales con otros ámbitos públicos territoriales, como regiones u organizacio-

nes supranacionales, y, además, el empuje de la doctrina y las recetas neoliberales ha hecho reducir su dirigismo en la economía de forma que, en los últimos años, se ha asistido a una desregulación de los mercados. Sin embargo, y aunque para algunos politólogos tal escenario anima a considerar el Estado como un actor más de una realidad pluralista, la existencia misma de estos desafíos ha hecho que vuelva el interés por él y revigorizado el enfoque institucionalista*, que sí admite la posibilidad de su autonomía.

En cualquier caso, las relaciones internacionales* y la mayor parte de las investigaciones politológicas empíricas continúan considerando al Estado como el elemento configurador sobre el que descansa la disciplina. Ésta, caracterizada por el estudio del poder público, no ha identificado aún ningún otro modelo de dominación tan efectivo que, sobre una esfera de acción exclusiva y excluyente, ejerza funciones tan generales y básicas. Aunque varían enormemente en poder, todo el planeta está hoy homogéneamente organizado en formas estatales, no existe autoridad que los cree y, aunque el acelerado proceso de interdependencia supone la creación de organizaciones como la Unión Europea, incluso en esos ámbitos son ellos quienes determinan la esfera respectiva de acción.

Estado del bienestar Reforma del modelo clásico de Estado liberal que pretende superar las crisis de legitimidad que éste pueda sufrir sin tener que abandonar su estructura jurídico-política. Se caracteriza porque, a la tradicional garantía de las libertades individuales, se une el reconocimiento como derechos colectivos de ciertos servicios sociales que el Estado ha de proveer «de la cuna a la tumba». Aunque su origen se remonta al asistencialismo paternalista del siglo XIX, su formulación actual nace en la segunda posguerra mundial, cuando liberales y socialdemócratas pactan que la reconstrucción económica europea debe hacerse con seguridad social para los trabajadores.

Supone un reajuste del capitalismo, pues se abandona la premisa de Estado mínimo no intervencionista y se acepta un mayor dirigismo público en la vida económica para eliminar las disfuncionalidades del mercado y las desigualdades interclasistas. Según el famoso *Informe Beveridge*, que es el que pone en marcha el sistema de bienestar británico, el gobierno debe responsabilizarse de ofrecer a su población sanidad gratuita, pensiones universales y acceso a la vivienda. Esta cobertura, acompañada de la estrategia de pleno empleo y las políticas económicas keynesianas, fue capaz de generar un crecimiento económico sostenido en Europa hasta los años setenta. La crisis de entonces, que ha hecho reorientarse a los gobiernos hacia el mercado y la desregulación*, aún no ha afectado a la estructura básica del *Welfare State*. No obstante, y aunque el Estado social ha llegado a constitucionalizarse, el desmedido gasto público y el paro, que son propios de Europa occidental, amenazan con llevar a un replanteamiento del sistema.

Motivos estructurales (desarrollo económico o tradición religiosa) y políticos (orientación de las clases medias y fuerza de los sindicatos) han llevado a distintas modalidades de aplicación del Estado del bienestar. Esping-Andersen ha identificado tres *mundos* que llama: (1) socialdemócrata, que es el propio de los países escandinavos y que se caracteriza por un universalismo igualitario del que se beneficia la mayor parte de la población; (2) liberal, adoptado por los países anglosajones, cuyo carácter selectivo, orientado sólo a aquéllos que más lo necesitan, ha supuesto la hostilidad de quienes lo financian; y (3) conservador, dominante en Europa continental, que se inspira inicialmente en motivaciones religiosas y permite cierta jerarquización social al reservar mejores atenciones a algunos sectores de la clases medias (como los funcionarios).

estalinismo Forma totalitaria* y nacionalista que adoptó el comunismo bolchevique* durante el período de José Stalin, u «hombre de acero» (entre 1934 y 1953). Su liderazgo monolítico, inmediatamente posterior al de Lenin*, se inició con medidas muy ideológicas, como la colectivización agrícola y la planificación industrial, pero degeneró pronto en prácticas burocratizadas.

Stalin, más preocupado por organizar su poder que por la doctrina, se enfrentó a la idea trotskista* de revolución permanente e internacional y defendió la posibilidad de realizarla en un solo país. Sus veinte años al frente de la Unión Soviética son particularmente recordados por el centralismo jerárquico, sobre el partido y las diferentes nacionalidades, y por la represión del disentimiento en forma de purgas que alcanzaban a sus propios colaboradores. Su sucesor, Jruschov, denunció como «desviaciones del socialismo» los graves abusos cometidos en este período.

ética protestante Construcción teórica de Weber que pone de manifiesto la conversión en virtudes religiosas del individualismo, la austeridad, el trabajo y el ahorro en las regiones predominantemente protestantes, lo cual favoreció la acumulación de riqueza y el florecimiento más rápido del capitalismo.

eurocomunismo Proceso de desradicalización de los partidos comunistas de Europa occidental durante los años setenta. Fue bautizado así por el periodista yugoslavo Frane Barbieri y consistió en conjugar el alejamiento de la ortodoxia soviética con la aceptación de algunos principios propios de la democracia liberal. Además, la estrategia implicaba la pretensión de captar votos

progresistas más allá del tradicional electorado proletario y campesino.

europeísmo Actitud de aquellos habitantes del viejo continente que están convencidos de las ventajas, cuando no la necesidad, de trascender los actuales márgenes del Estado-nación para el espacio geográfico europeo. No puede considerarse una ideología, sino más bien una conciencia de pertenencia a una cultura común y, como consecuencia, una llamada de apoyo a la unión estrecha entre los pueblos europeos que puede graduarse desde el federalismo de una Europa soberana hasta la más modesta posición de buena vecindad y cooperación por encima de los antagonismos nacionales. Es, desde luego, un concepto multiforme que depende de las épocas y los lugares; que se puede manifestar en planes hegemónicos imperiales o voluntarios y más equilibrados; y finalmente, en proyectos conservadores o progresistas.

A pesar de la mencionada variedad en que se plasma la idea de Europa, la llamada a la unificación del continente tiene un contenido programático que emana de las características comunes a toda Europa como resultado de la historia. Aunque a menudo se alude al legado cristiano, al racionalismo o a la fe en la ciencia y el progreso como expresión de estos ideales de síntesis, lo cierto es que el programa político europeísta se liga de forma más concreta a las circunstancias existentes en la parte occidental del continente al final de la Segunda Guerra Mundial. En aquel momento surgieron las Comunidades Europeas, que, por encarnar desde su nacimiento el proyecto supranacional, sirven como referente para señalar qué se incluye en una idea más estricta de europeísmo y qué futuro se propone para una mayor integración. Sin embargo, los obstáculos lingüísticos, la inexistencia de una auténtica red de comunicaciones, la ausencia de una potencia guía y, sobre todo, la resistencia de las actuales lealtades estatales impiden el surgimiento de un sentimiento comparable al nacionalista y, además, sostenido en valores tan eclécticos como los que caracterizan a Europa.

En todo caso, la combinación de dos factores, el territorial y el ideológico, sirve para explicar la actitud europeísta. Así, en el centro político y geográfico es donde se da un mayor apoyo a la profundización del proceso integrador, que va debilitándose en las naciones más periféricas, con referentes culturales alternativos o tentaciones de aislacionismo, y en ambos extremos del mapa ideológico. Aunque hay otros factores que contribuyen a la explicación de posturas europeístas, como la riqueza o las grandes dimensiones de ciertos Estados, es la doble moderación programática la que indica mejor la postura europeísta. Ésta se refleja en la aceptación de un determinado modelo económico (social de mercado), político (democracia liberal) y el reconocimiento de los valores socioculturales nacidos en la región de la vieja Lotaringia.

F

fascismo Ideología política de difícil sistematización que surge con fuerza en el período de entreguerras, como resultado de la crisis del liberalismo y reacción al ascenso de los movimientos obreros. Es antirracionalista pero deja en un segundo plano el contenido ideológico al ser su principal objetivo la acción para conquistar el poder. Mussolini, su principal inspirador, declaraba que la «doctrina es el acto» y que «el fascismo no necesita dogma, sino disciplina.» No obstante, y sobre todo en la versión nazi* alemana, se apoyó sistemáticamente en el mito racial y el nacionalismo expansionista.

El simplismo de la teoría fascista se expresa en maniqueas distinciones donde los demócratas, en permanente conspiración, personifican el mal que hay que combatir. Esta lucha, a menudo violenta, necesita apoyarse en liderazgos* carismáticos que recaen sobre un *duce* o un caudillo permanentemente exaltado. Los principales instrumentos de actuación y organización del fascismo son el lenguaje cerrado e imperativo, la propaganda y el escalonamiento jerárquico paramilitar. Acude, además, a símbolos que en la antigua Roma se asociaban a la autoridad pública, como las fasces (un fajo de varillas atadas, que simboliza la unidad popular, del que resalta un hacha, a modo de liderazgo).

Hoy es frecuente el uso del término para descalificar a algún oponente político y existen unos relativamente implantados movimientos neofascistas que explotan la xenofobia frente a los inmigrantes. No obstante, el fascismo sólo tuvo auténtica vigencia entre los años veinte y cincuenta. En los casos en que llegó al poder, en el centro y sur de Europa, supuso la instauración de estados totalitarios* dirigidos por unas élites y donde se negaba cualquier posibilidad de disensión. Socioeconómicamente, y aunque consideraba la desigualdad como la simple muestra de la selección natural de los mejores individuos, utilizó fórmulas organicistas corporativas* que pretendían eliminar los conflictos entre clases apoyándose en cierta retórica igualitarista.

federalismo Sistema o principio de organización territorial de un Estado por el que las unidades políticas de que se compone se reservan un alto grado de autogobierno, que queda garantizado. Al mismo tiempo, estas partes se subordinan a un poder central para la gestión de ciertas competencias esenciales. En una estructura federal no queda claro dónde reside la soberanía, pues se conjuga la pluralidad constituyente de cada uno de los estados que forman la unidad con la voluntad común que da lugar a la federación. Los miembros de ésta suelen gozar de poderes simétricos para la dirección de sus asuntos y participan, a través de foros multilaterales como los que son propios de un parlamento bicameral*, en la conformación de la voluntad común de la federación. Además, existen tribunales federales que se encargan de dirimir los posibles conflictos de jurisdicción que surjan entre las partes.

Su origen ideológico se relaciona con el principio de negociación entre voluntades diversas y la tendencia de la democracia liberal a dotarse de *checks and balances* institucionales. Su surgimiento histórico coincide con la promulgación de la Constitución norteamericana de 1787, cuando estados previamente soberanos pactaron asociarse con un vínculo más fuerte que el basado en el derecho internacional, propio de las confederaciones. No obstante, el fenómeno federal puede también resultar de un proceso de autonomización de los integrantes de un Estado organizado previamente de forma unitaria (donde la descentralización, si es que existe, se basa en la transferencia desde el centro de competencias tasadas).

feminismo Enfoque politológico normativo que critica el análisis científico-social clásico por haberse concentrado en un objeto de estudio definido a partir de una perspectiva sistemáticamente materialista y patriarcal. Postulando una atención a las cuestiones del género, pretende ampliar el ámbito del debate político y hacerlo sensible a las demandas de las mujeres, u otros grupos sociales históricamente marginados, que son políticamente conscientes de esa situación. Y es que el feminismo, más que como marco teórico y analítico, es conocido por haber cristalizado en un movimiento o doctrina de carácter emancipador. En este último sentido, plenamente ideológico, lo que se propugna es la extensión de los derechos políticos de la mujer y la promoción de su papel en la sociedad hasta alcanzar la equiparación con el género masculino.

El comienzo histórico del movimiento se remonta al siglo XIX pero los gérmenes de su aparición se encuentran en los afanes de los ilustrados del siglo XVIII que, con la intención de llevar la cultura a todos los hombres, terminaron favoreciendo a las mujeres de las clases altas. En 1789 algunas revolucionarias francesas, con Olympe de Gouges a la cabeza, hicieron una petición de igualdad de trato ante la Asamblea Constituyente y, por estas atrevidas pretensiones, fueron castigadas con la guillotina.

A través del movimiento sufragista se consiguieron las primeras victorias, gracias a la asociación y la aparición de publicaciones feministas como *La voix des femmes* o *La tribune des femmes*. El socialismo tuvo también una gran incidencia en la lucha por los derechos de la mujer gracias al activismo de Luisa Michel, Clara Zetkin, Rosa Luxemburgo o Emma Goldman. No obstante, hasta 1906 la mujer no pudo ejercer el voto en los países nórdicos y tuvo que esperar a mediados de siglo para que en el resto de Europa se generalizara el reconocimiento de este elemental derecho de participación, a menudo con restricciones de edad o condición.

Las demandas del primer feminismo, orientado hacia la básica igualdad jurídico-política de sexos y no hacia la transformación social, han sido acogidas formalmente en la mayoría de los países industrializados. Hoy existe una *segunda ola*, con versiones marxistas, liberales y radicales, más orientada hacia la eliminación de las trabas psicológicas y sociales que clásicamente han rodeado a la mujer. La reorientación de la lucha hacia cuestiones *personales*, que tienen una indudable carga política, lleva a reivindicar la integración laboral plena, la promoción del acceso femenino a los puestos de responsabilidad, la posibilidad de la contracepción (incluido el aborto), la persecución de los abusos sexuales y el reconocimiento del lesbianismo.

free-rider (polizón) *véase* lógica de la acción colectiva.

G

geopolítica Escuela politológica nacida durante el período de entreguerras con la finalidad de analizar las relaciones que pueden establecerse entre el territorio y la política. A pesar de que con anterioridad a su aparición ya existían ciertos estudios que querían vincular las formas de gobierno existentes con determinadas configuraciones geográficas, lo cierto es que sólo aspira a la articulación científica desde 1916, cuando Rudolf Kjellen usa el término y describe al Estado como un organismo vivo. Partiendo de la consideración organicista del Estado, llegaba a la conclusión de que todos los estados intentaban asegurar su territorio y su expansión. La geopolítica aparece así como el proceso o la dinámica política de afianzamiento y expansión territorial de los estados. De aquí el interés por cultivar esta perspectiva en naciones continentales que, como Alemania, quedan en el centro de un amplio espacio y sólo están separadas de los vecinos que las rodean por fronteras artificiales o inciertas. Así surge en la Mittleuropa germánica la denominada teoría del *Lebensraum* o espacio vital que, formulada por Haushofer, habría de servir de argumentación teórica al expansionismo nazi*. Pese a que, durante la guerra fría, la geopolítica siguió llamando la atención de los estrategas militares, la corriente ya no puede identificarse necesariamente con la recreación de fronteras naturales y la utilización de la agresión bélica como método de consolidación de las mismas. De hecho, el concepto es hoy usado con connotaciones estrictamente analíticas en estudios descriptivos y explicativos, desarrollados por geógrafos y teóricos de las relaciones internacionales.

gerontocracia Forma de gobierno caracterizada por la mayoritaria presencia en ella de ancianos o por la activa participación de éstos en el ámbito político.

gerrymandering Manipulación de la delimitación de los distritos electorales que falsea la representatividad y beneficia intencionadamente a un partido o candidato. El término se remonta al siglo XIX y tiene su origen en la intrincada e incoherente división de las circunscripciones (a modo de salamandra –*salamander* en inglés–) adoptada por el gobernador de Massachusetts Elbridge Gerry con el fin de asegurar la reelección.

gobierno Concepto de uso frecuente y poco preciso que designa, en la terminología política, tanto los mecanismos a través de los que se lleva a cabo la dirección pública de la colectividad social, como el aparato que hace aquélla posible. El gobierno, por tanto, adquiere significados concretos diversos que pueden aludir a la forma de organización global en un Estado (o régimen político*); a la acción misma de elaboración de las políticas públicas (o gobernación); o a la organización institucional donde reside la autoridad formal del Estado. En esta última acepción estática y concreta, el término no sólo se aplica para nombrar al conjunto de los poderes públicos tradicionales –legislativo, judicial y ejecutivo– sino que también sirve como sinónimo del último. De hecho, y especialmente fuera del mundo anglosajón, con gobierno se designa específicamente a la cima política que, junto a la subordinada administración*, conforma el poder ejecutivo*. Circunscribiendo así la noción a la de más restringido alcance, el gobierno es una institución política de existencia universal, a diferencia de los parlamentos o los tribunales, por lo que se identifica asiduamente con el poder estatal en sentido estricto. En las democracias actuales, su protagonismo en la orientación de las políticas puede depender de la forma de nombramiento, que varía entre los presidencialismos*, donde un poderoso jefe de gobierno directa y popularmente elegido se rodea de colaboradores, y los sistemas parlamentarios*. En estos últimos son las asambleas las que nombran y controlan* al gobierno, de forma que éste depende de la capacidad de liderazgo de quien lo dirige (el primer ministro*), de la cohesión del equipo designado y de la fuerza que tenga el partido o coalición que lo respalda. Estos factores, junto a otras variables constitucionales y administrativas, hacen que los gobiernos resulten fragmentados (si cada ministro* disfruta de autonomía sobre su departamento y no existe coordinación); monocráticos (si existen relaciones jerárquicas de uno o varios miembros sobre otros); o colegiados (cuando la toma de las decisiones más importantes se realiza de foma colectiva). En todo caso estos rasgos no son excluyentes y, de hecho, es común que la pauta real de funcionamiento de un gobierno se segmente entre el papel protagonista desempeña en ciertos ámbitos el primer ministro o el responsable de hacienda y la responsabilidad más directa de los demás miembros en sus correspondientes sectores.

Además de los mencionados dominios reservados y del margen que los ministerios individuales tienen en los impulsos iniciales y la implementación, la dirección política y la coordinación se alcanza, al menos teóricamente, en la sede colegiada. El consejo de ministros es la reunión del gobierno por excelencia que se rige, en su funcionamiento interno, por el principio de solidaridad al establecer una líneas políticas a las que todos los componentes han de ajustarse. No obstante, salvo que el sistema político permita un estilo gubernamental mayoritario, autónomo y estatista, el gobierno como actor colectivo puede contar en la práctica con poco margen de decisión si ésta reside más bien en el parlamento, los partidos, los foros corporativos o las regiones.

golpe de Estado Término de procedencia francesa, traducción del *coup d'état*, que designa un acto de fuerza repentino para alterar el orden establecido. Se trata de un fenómeno al margen de la normalidad constitucional vigente, que pretende apoderarse de los poderes legalmente establecidos, reforzar la posición en ellos o modificar la orientación política de un determinado país. Los golpes de Estado se conciben por un hombre o grupo de ellos, están guiados por un plan previamente trazado que delimita los fines y los medios necesarios para su triunfo, son ejecutados con rapidez y, en caso de resistencia a los mismos, suelen provocar desenlaces violentos.

Coinciden con las revoluciones en su carácter rebelde pero, a diferencia de éstas, están promovidos por grupos minoritarios y muy a menudo por militares o funcionarios vinculados al propio Estado que pretenden ascender o permanecer en el gobier-

no. Por tal motivo, los golpes de Estado suelen tener un carácter reaccionario y frecuentemente han servido para revertir una realidad emocrática. No obstante, son aún más comunes en el seno de regímenes autoritarios*, donde simplemente producen la suslitución de quienes ejercen el poder, sin mayores pretensiones de cambio social o político.

Una variante, típicamente española, del mismo se conoce como *pronunciamiento* y se caracteriza por la tendencia de quien lo impulsa a esperar el desarrollo favorable de otros acontecimientos políticos paralelos. Aunque a veces han tenido naturaleza liberal, como el del general Riego, ha sido más común que tengan un carácter conservador. El pronunciamiento aparenta basarse en la razón o apela a la supuesta voluntad del pueblo, pero su carácter invariablemente militar demuestra que no es más que una maniobra rupturista basada en la fuerza.

grupo de interés Designación tradicional de la ciencia política para denominar aquellos actores del proceso político que pretenden influir, desde fuera, sobre el poder público sin llegar a conquistarlo. Esta característica, junto a la ausencia de un programa ideológico global que supere sus intereses sectoriales, los distingue del partido político*. No obstante, la mutua influencia entre ambos es a veces continuada y llega a provocar, en el caso de sindicatos y partidos obreros o de iglesias y partidos religiosos, la difuminación de las fronteras conceptuales.

Los grupos de presión, que es una expresión sinónima, no tienen fines específica o únicamente políticos pero están constituidos en centros autónomos débilmente ideologizados y orientados al Estado, los partidos políticos o la opinión pública, con objeto de dirigir la acción de éstos en un determinado sentido. Actúan de manera ofensiva o reactiva y se pueden diferenciar de los movimientos sociales o de los llamados poderes fácticos porque cuentan con un mínimo indispensable de organización.

En la teoría normativa de la democracia domina un juicio negativo sobre el papel que desempeñan estos grupos, ya que promueven el clientelismo y favorecen sus particulares preferencias en detrimento del bienestar de colectividades más amplias. No obstante, en Estados Unidos, la fe en el pluralismo* y la insuficiente articulación de éste en dos únicos partidos relevantes ha sido completada con la regulación del llamado *lobbying**. De manera más institucionalizada, en muchas democracias europeas existen prácticas neocorporativas que incorporan a ciertos sindicatos y asociaciones empresariales a la toma pública de decisiones. Es decir, los grupos de interés ayudan a vertebrar la sociedad civil al desempeñar una importante función de intermediación entre ciudadanos y poder, y a veces

de control de aquéllos sobre éste, representando intereses parciales que, de otra forma, no se tendrían en cuenta en el debate público.

Hay, desde luego, grupos que difícilmente pueden beneficiarse de una dispensa moral ya que presionan por intereses materiales: sectores industriales y agrícolas, compañías multinacionales, élites burocráticas o corporaciones profesionales. En contraste, las organizaciones de trabajadores, los cooperantes, las minorías étnicas o las asociaciones medioambientales resultan más aceptables al carecer de fines particulares de índole lucrativo. En todo caso, los métodos de actuación también tienen que ver con la percepción democrática de los grupos, ya que suele resultar justificable que acudan a la persuasión, la resistencia pasiva, la manifestación o la huelga; pero no tanto que amenacen (con desinversiones, por ejemplo), sobornen al poder, saboteen la acción de gobierno (al negarse a pagar impuestos) o empleen la violencia. Existen además estrategias muy sutiles de influencia, como el empleo de los medios de comunicación, el contacto personal amistoso con los políticos o la financiación de los partidos y campañas, cuya virtud resulta dudosa.

La ciencia política más empírica ha preferido obviar el juicio prescriptivo y pretende analizar cuál es la interacción efectiva entre grupos privados y actores públicos. A partir de las primeras aproximaciones descriptivas, como la de Duverger, que distinguía en una tipología entre grupos de cuadros y de masas, se han desarrollado enfoques más analíticos como el del corporativismo*. Para los casos menos agregados y que se fijan en políticas sectoriales, destaca la perspectiva denominada *policy-networks**, donde se analiza la combinación entre actores privados y públicos, tales como un determinado departamento administrativo o un gobierno regional, para conformar alianzas que pretenden defender un interés común.

H

hegemonía Término derivado de la palabra griega con la que se denominaba el liderazgo y que se refiere a la ascendencia de un elemento del sistema sobre el resto. Aunque se ha utilizado en las relaciones internacionales para describir la preponderancia de un Estado sobre otros, el concepto ha sido particularmente teorizado por pensadores de la órbita marxista y estructuralista como Gramsci, Poulantzas o Althusser. Según éstos, la hegemonía se obtiene a través de la imposición o superior consideración, en una etapa histórica concreta, de los valores de un grupo en relación con los del resto. Es propio de las clases dominantes el desarrollar todo un edificio ideológico justificador y legitimador de sus concepciones, y del régimen político en que se plasman, para obtener así el consentimiento de los gobernados sin tener que acudir a la coacción.

El ejemplo histórico más significativo ha sido el encarnado por la burguesía. Ésta, a partir de un determinado sistema de producción, tuvo la habilidad de socializar o manipular a quienes subyuga para que considerasen aceptable, por ejemplo, la democracia formal o la preponderancia del individualismo. La hegemonía política, económica y cultural del liberalismo burgués, aún vigente, sólo ha sido contestada por el socialismo planificador, que propugna la igualdad real a través de la colectivización de la propiedad, y, de manera mucho más matizada, por el Estado del bienestar* socialdemócrata.

I

ideología Concepto de origen francés referido, en un principio, a la ciencia o estudio de las ideas y que debe su surgimiento a la publicación del libro de Destutt de Tracy *Elementos de la ideología*. Fue Napoleón Bonaparte quien, de forma despectiva, la utilizó por primera vez para calificar al pensamiento abstracto e inconformista de determinados intelectuales. Con el paso del tiempo el término fue cambiando de significado para pasar a designar a un conjunto coherente de ideas, creencias y prejuicios relacionados entre sí que, aunque han sido elaborados por un grupo o un individuo aislado, pretenden influir de manera general sobre la organización y el ejercicio del poder en una sociedad.

La ideología se basa en una doble convicción; por un lado, que el mundo existente en el momento de su formulación responde a unas relaciones sociales y políticas determinadas; y, por otro, que dicho orden debe modificarse. No obstante, y aunque es cierto que no existe ninguna ideología que estrictamente pretenda la preservación de la realidad, Mannheim piensa que todas son conservadoras mientras que, según el marxismo, la ideología burguesa responde a una superestructura que busca justificar y perpetuar las diferencias de clase.

A través de la creación de símbolos identificativos de sí mismas o de la simple generación de adhesiones o de rechazos, las ideologías juegan en muchas ocasiones un papel fundamental en el mantenimiento de la unidad comunitaria de grupos o pueblos. Además, dotando a los miembros que la profesan de la ilusión o la idea cierta de que tienen fines comunes y congruentes, la ideología convence de que la mejor forma de defenderlos es a través de la acción política que se deriva de los principios que ella formula. Y es que, para alcanzar el modelo utópico* de sociedad futura, es necesario que la doctrina se sostenga en movimientos políticos activos que concretan los contenidos filosóficos más abstractos.

implementación Fase final del proceso de elaboración de las políticas públicas* en la que la opción seleccionada durante la toma de decisiones es llevada a la práctica por el aparato administrativo. Las diferencias existentes entre el resultado esperado cuando se formuló el programa y el realmente obtenido hacen conveniente el empleo de este neologismo, que implica una mayor prolongación en el tiempo y la influencia de distintos actores, y no la ficción jurídica de la ejecución.

ingobernabilidad Fenómeno político patológico según el cual las instituciones públicas no son capaces de llevar a cabo sus funciones. El concepto tuvo cierta relevancia en el debate científico político de los años setenta. La Comisión Trilateral, fundada en 1973 por científicos sociales cercanos a los gobiernos de Estados Unidos, Europa Occidental y Japón, lo utilizó en un informe para señalar que toda radicalización democrática ponía en manifiesto peligro la perdurabilidad de las sociedades liberales.

De ahí que el término haya sido adoptado por la ideología neoconservadora para criticar la derivación de la democracia* hacia un régimen político intrínsecamente redistributivo. Dado que, según esta ideología, la democracia sería incapaz de satisfacer las expectativas de igualdad social y de expansión de la participación política, este régimen político puede identificarse con un mero procedimiento formal, tal y como hiciera Schumpeter entre democracia y mero procedimiento.

Los mismos fenómenos que hacen hablar a la derecha de ingobernabilidad, como fenómeno negativo y no como señal indicativa de madurez participativa, son los que llevan al pensamiento crítico de izquierda a afirmar que la democracia sufre una crisis de legitimación. Para Habermas, el régimen político liberal no permite abrir nuevas vías de expresión ni está interesado en hacerlo, ya que su finalidad es la preservación del capitalismo y la radicalización democrática pondría precisamente en peligro ese sistema económico.

institucionalismo Enfoque politológico orientado al estudio de la estructura y el funcionamiento de las organizaciones públicas, y que reconoce explícitamente el protagonismo del aparato estatal durante el proceso de toma de decisiones. Se enfrenta al conductismo por entender, a diferencia de éste, que las instituciones no son simples *arenas* neutrales donde convergen las presiones de los distintos actores ni que las políticas públicas dependen exclusivamente de la interacción política entre intereses e ideologías. En consecuencia, para los autores institucionalistas, el objeto de la disciplina no debería reducirse al comportamiento político ni a quienes articulan éste, como partidos o grupos de interés, sino incluir al Estado* como tal.

La ciencia política en sus orígenes era exclusivamente institucionalista, aunque desde una perspectiva jurídico-formal centrada en el estudio comparado de las constituciones nacionales. Esta especie de derecho político* establecía juicios normativos afirmando las bondades de un marco institucional u otro (presidencialismo o parlamentarismo, sistemas electorales) y sus efectos sobre la estabilidad de la gobernación. Tal punto de vista fue considerado excesivamente descriptivo y cualitativo por las nuevas corrientes empiristas de los años cincuenta. Éstas, preocupadas por dotar de estatus científico específico a sus investigaciones, abandonaron el estudio de las instituciones, ya que no pueden someterse a medición, mientras la subsiguiente teoría del sistema político las reducía a una *caja negra* relativamente inexplicada.

Sin embargo, la ciencia de la administración*, la teoría del Estado y los politólogos de la Europa continental mantuvieron el interés por la configuración y el papel de los poderes públicos. De hecho, la supuesta importancia de éstos hizo que el mundo anglosajón volviera a ellos a partir de los años ochenta, cuando neomarxistas como Scokpol hicieron ver la capacidad del Estado para moldear el resultado de las políticas. A partir de entonces suge todo un nuevo neoinstitucionalismo, como lo denominan March y Olsen, que se centra de nuevo en el papel que juegan las variables organizativas como algo más que simples constreñimientos de los demás actores. Es un enfoque sintético que no sólo se fija en normas y procedimientos reglados sino también en los componentes informales, como los valores y códigos de conducta de los funcionarios, que parecen afectar trascendentalmente a la vida política.

El institucionalismo actual no ha vuelto, en todo caso, a ser la corriente dominante exclusiva de antaño ni comparte un mismo marco teórico y conceptual. Así, aunque sus seguidores tiendan a considerar que el Estado como organización es relativamente autónomo, otros señalan que, al analizar la toma de decisiones en políticas sectoriales, existen *policy-networks**, o redes de actores, donde los poderes públicos, aún siendo importantes, aparecen fragmentados y dependientes de la capacidad de coaligarse con actores privados concretos. Además, junto al neoinstitucionalismo histórico, centrado en el estudio comparado de la organización política oficial, coexisten otras versiones (como la económica, la sociológica o la aportada por la *rational choice*) que ni siquiera comparten el mismo concepto de institución ya que la identifican, más bien, con lo que podría denominarse estructura en sentido genérico.

integrismo Conjunto de actitudes y comportamientos ideológicos propios de sectores políticos y religiosos que, en pro de la inalterabilidad de sus doctrinas, rechazan cualquier posible simplificación o atenuación de sus mensajes. Fundamentado en elementos tales como el exclusivismo moral o la supremacía de lo impuesto y revelado sobre cualquier posible racionalización de lo existente, defiende la imposición autoritaria de determinadas verdades.

Las dos confesiones que más habitualmente han albergado este género de extremismo o radicalización doctrinal han sido la católica y la musulmana, rechazando, bajo el manto de un pretendido purismo de las creencias, intentos reformadores. En la actualidad el integrismo islámico, que tiene como caldo de cultivo grandes masas descontentas, señala como causa de todos sus problemas la occidentalización constante y la pérdida de los valores tradicionales.

izquierda Concepto que debe su nombre a la época de la Revolución francesa, cuando los burgueses primero, durante los Estados Generales, y los representantes de las ideas republicanas después, durante la Asamblea, se ubicaron a la izquierda del presidente de la cámara. De esta manera se enfrentaron a nobles y conservadores, situados a la derecha*, y, a partir de entonces, así se ha designado a todos los grupos caracterizados por la defensa de la igualdad y la democracia (no necesariamente en su acepción procedimental).

Con la desaparición de las opciones absolutistas, el liberalismo, como ideología impulsora del capitalismo imperante, pasa a representar la perpetuación del orden y ser identificado con la derecha. Mientras, el socialismo* y todas las opciones transformadoras que reclaman completar la revolución pasan a conformar la nueva izquierda. Ésta, dependiendo

de la promoción prioritaria de los derechos sociales o de la aceptación simultánea de las libertades individuales, enfrentó respectivamente al marxismo* con el anarquismo* y, más adelante, al comunismo* con la socialdemocracia*.

Actualmente, la discrepancia básica entre la izquierda y la derecha viene marcada por el elemento económico y el protagonismo que se da al intervencionismo del Estado como redistribuidor social; o al mercado, basado en la propiedad privada, como criterio para recompensar el mérito. Si se combina esto con los rasgos políticos históricamente defendidos por la izquierda –extensión de derechos, internacionalismo o progreso frente a tradición– y aceptando con Bobbio que el autoritarismo y la libertad no pueden representar rasgos diferenciadores por las variantes combinadas existentes en ambos polos, es posible sintetizar la esencia de la izquierda en la promoción de la igualdad como justicia social.

No obstante, aunque los calificativos y etiquetas son realmente fluctuantes, y en Estados Unidos lo liberal sigue designando a la izquierda, lo resaltable es que el debate político en las democracias occidentales sigue basado en esta dicotomía. En el estado actual de la dialéctica, la izquierda, a la defensiva tras el auge de las recetas económicas competitivas, renueva su mensaje abriéndose a valores postmaterialistas (ecologistas o feministas), desde donde pretende reafirmar su identidad.

J

jacobinismo Concepción política que hoy sirve para denominar peyorativamente a quien defiende con intransigencia las virtudes del centralismo estatal y se cree llamado a la misión ética de conseguir una democratización radical. Recibe este nombre por las *sociétés des amis de la Constitution* que, reunidas en un convento de frailes jacobinos, defendieron ideas parecidas durante la Revolución francesa.

Organizados con un férreo control sobre sus militantes de la periferia, defendieron medidas rotundas para salvar a una patria en peligro a consecuencia de la corrupción política y la falta de igualdad efectiva entre todos los ciudadanos. Sus propuestas consistían en la división del poder, la república autoritaria indivisible, el sufragio universal, el ejército popular y la progresión impositiva. Reemplazaron en el gobierno a los moderados *girondinos*, que representaban la resistencia regional al dominio parisino, y su breve experiencia en el poder estuvo marcada por el terror que antecedió a la reacción bonapartista*.

jefe de Estado Figura que se sitúa por encima de las divisiones partidistas y, a través del desempeño del más alto cargo político dentro de una determinada comunidad, asume la representación de la colectividad de un país. Es normal que asuma, al menos, funciones simbólicas referentes a la unidad política del Estado de cara al interior y al resto de potencias. No obstante, esta figura, dependiendo del régimen político-constitucional en que se inserte, puede disponer de muy diferentes recursos políticos.

La clasificación más tradicional es la que, atendiendo a la forma de gobierno existente, distingue entre monarquía* y república*. La única seña diferenciadora actual entre ambas es el distinto carácter del acceso a la misma: hereditario en el caso de la monárquica, que tiene pues legitimidad tradicional; electivo en el caso de la republica, que goza así de legitimidad carismática o racional. Las monarquías democráticas, al haberse transformado como consecuencia de lo estipulado en las constituciones, limitan el papel del rey al de mediador y símbolo de la continuidad del Estado. Algo parecido sucede en las repúblicas parlamentarias donde, a diferencia de las presidencialistas*, el jefe de Estado convive con un primer ministro* y no suele asumir responsabilidades directas de gobierno. En estos casos se dice que el presidente o el rey es fedatario e irresponsable de sus actos, pues sólo ratifica los actos decididos por otros órganos políticos, que son los que realmente toman las decisiones.

También es posible distinguir, en el seno de las repúblicas, las distintas posibilidades de nombramiento, que varían entre la autodesignación, la investidura por un reducido número de mandatarios (de un partido o una junta militar) y la elección popular. Ésta puede ejercerse a partir de cuerpos representativos, de parlamentarios o compromisarios, o por medio de sufragio directo. Los presidencialismos democráticos suelen optar por la última para reforzar la legitimidad popular del jefe de Estado y justificar así los amplios poderes decisorios y ejecutivos que se le conceden.

L

legislatura Período de mandato de un parlamento* conocido en el derecho histórico español como diputación. En las modernas democracias su duración, que ordinariamente oscila entre tres y siete años, coincide con el tiempo transcurrido entre la constitución de la cámara que sigue a las elecciones legislativas y la disolución de la misma que antecede a unos nuevos comicios.

legitimidad Concepto con el que se enjuicia la capacidad de un poder para obtener obediencia sin necesidad de recurrir a la coacción que supone la amenaza de la fuerza. Un Estado es legítimo cuando existe un consenso entre los miembros de la comunidad política para aceptar la autoridad vigente.

El término tiene sus orígenes en el derecho privado sucesorio y aparece vinculado a la política en relación con la restauración monárquica tras la Revolución francesa. Esta apelación inicial a criterios tradicionales como justificación ética del ejercicio personal del poder, es aceptada por Max Weber como uno de los tres tipos de legitimidad. Él añade, además, la legitimación carismáti-

ca, para explicar los fenómenos de poder donde los subordinados se entregan a la santidad, heroísmo o ejemplaridad de una persona, y la racional, basada en motivaciones objetivas e impersonales para apoyar una determinada legalidad instituida. Pese a la equiparación weberiana de legitimidad racional y legalidad, el positivismo jurídico vino a distinguir entre ambos conceptos considerando al segundo como el único capaz de ofrecer criterios racionales y científicos mientras la legitimidad era entendida como elemento previo. En todo caso, la principal garantía de la legalidad es que cuente con el requisito moral de la legitimación que, hoy en día, va unida a la existencia de democracia. No obstante, para contar con esta racionalidad del apoyo mayoritario se puede hacer hincapié en el respeto a los procedimientos, en el momento en que se ha alcanzado el poder y en su ejercido posterior, o en el resultado eficaz alcanzado.

leninismo Término acuñado durante el estalinismo* para designar las doctrinas de Lenin que complementaron, enmendándolo, el marxismo* ortodoxo original. Frente al determinismo de éste, que anunciaba el advenimiento espontáneo de la sociedad sin clases cuando se cumpliesen las circunstancias históricas, el leninismo apuesta por la tesis de la revolución anticipada. De esta manera sería posible llegar al comunismo* sin agotar etapas intermedias de desarrollo liberal que no sirven más que para aburguesar a los proletarios y campesinos. A nivel internacional, se señala que la derivación del capitalismo hacia un imperialismo global agudiza las tensiones que han de provocar la caída de aquél.

En realidad, Lenin estuvo siempre más preocupado por calcular el momento oportuno en el que acceder al poder ruso que por contribuir a la teoría socialista. En los años previos al levantamiento bolchevique* se concentró en la organización de un partido férreamente disciplinado bajo la guía adecuada de una elitista vanguardia dirigente. En 1917, este liderazgo centralizado le permitió reclamar con éxito «todo el poder para los soviets». De esta manera instauraba una represiva *dictadura del proletariado* que marginaba del gobierno a otras fuerzas progresistas que eran descalificadas como idealistas de izquierda.

liberalismo Corriente de pensamiento caracterizada por defender las mayores cotas posibles de libertad individual bajo unas instituciones de gobierno que han de procurar ser neutrales. Postula tanto una filosofía tolerante de la vida como el modelo social que consiguió sustituir al Antiguo Régimen y cuyos contenidos han sido plasmados, de hecho, como fundamento jurídico y político de las constituciones democráticas. No obstante, como movimiento político cristalizado en partidos ha sido víctima de su propio éxito al haber agotado, aparentemente, su programa en el siglo XIX. En esos años los grupos liberales fueron protagonistas de la política europea y a menudo la dirigieron, con la oposición constante de conservadores* y socialistas. Hoy, por el contrario, aunque existen grandes partidos así denominados en Japón o Colombia, los liberales apenas sobreviven en algunos países a través de pequeñas formaciones que encarnan posiciones ideológicas de centro*.

Como doctrina *política* surgió cuando la Ilustración concilia la filosofía racionalista y el derecho natural de origen cristiano. El liberalismo inspiró las revoluciones burguesas que derrocaron al absolutismo* combinando, como se puso entonces de manifiesto, el individualismo con principios universales que son trasladables a toda la humanidad. Así, las teorías de Montesquieu, Tocqueville o Madison, aplicadas por primera vez en Francia y Estados Unidos, se han podido extender luego a regímenes democráticos no occidentales. También en el siglo XVIII una serie de autores ingleses, como Smith o Ricardo, formularon el liberalismo *económico*. En éste, que incluye el derecho a la propiedad privada de los medios de producción y la defensa del libre mercado, se apoyó el capitalismo* industrial que después se ha afirmado como sistema económico preponderante.

Considerando los elementos político y económico, parece que la característica más distintiva de la ideología liberal es la asignación de funciones entre los dos actores en los que divide la nación: Estado y sociedad civil*. El primero, al que se atribuye un papel limitado, debería utilizar el poder político para procurar las condiciones esenciales de articulación de la segunda y asegurar la autonomía del individuo. Para eso se garantizan los derechos fundamentales* (el de propiedad, en particular) y las libertades públicas (especialmente las de movimiento y expresión). Además, aunque se acepta el principio mayoritario, se evita una degeneración demagógica del mismo, gracias a la división de poderes y al sistema parlamentario representativo.

La igualdad no figuraba como objetivo en las formulaciones iniciales del liberalismo. Será con el surgimiento de la variante democrática cuando aquélla aparezca, aunque entendida como igualdad de oportunidades. No obstante, modalidades liberales como la utilitarista o la de Rawls van más allá y defienden la justificación moral de la corrección redistributiva ejercida por el Estado en pro de los desfavorecidos. Se llega a esta conclusión porque, si bien la felicidad es una opción individual que no se puede imponer desde fuera, el ser humano, ante un supuesto contrato social celebrado en una situación de ignorancia sobre su futuro, optaría por incorporar mecanismos de solidaridad.

Frente a esta concepción de la justicia como equidad, el neoliberalismo, encarnado por Hayek o Nozick, sostiene que el intervencionismo público ha de limitarse a la defensa de la vida, la libertad y la propiedad individuales. A esta corriente en Estados Unidos se la denomina libertaria pues comparte con el movimiento así conocido su aversión por las restricciones exteriores a la libertad (pero no el objetivo de abolición de la propiedad privada que también es característico de éste último). La derecha libertaria, como también se la conoce, rechaza el *Welfare State* optando, como solución más justa, por la meritocracia estricta y un Estado mínimo que no se puede corromper por su reducido tamaño.

El hecho de que existan estas dos variantes de liberalismo, incidiendo una en la faceta individualista y la otra en la solidaria, explica que se pueda usar la etiqueta con connotaciones opuestas. Mientras en Europa se designa así a los partidarios de la desregulación* económica y de las formulaciones clásicas del capitalismo, en Estados Unidos es usual reservar esta denominación para quienes defienden ideas de izquierda. No obstante, aunque existe un liberalismo que puede llegar a coincidir con la doctrina socialdemócrata, siempre será más difícil conciliar sus irrenunciables postulados universales e individualistas con otras doctrinas progresistas que ponen el énfasis en el comunitarismo*.

liderazgo Concepto de origen inglés –*leadership*– que define aquella cualidad personal que ayuda al ejercicio de la influencia sobre un grupo y, consiguientemente, favorece una potencial obediencia. El líder fundamenta su poder en el consenso que existe en el seno de la organización sobre su persona y esta aceptación, que debe renovarse periódicamente, se adquiere gracias al propio carisma o a la designación de la formación en la que se integre.

Los atributos propios de un líder son la facilidad oratoria, la vitalidad, la inteligencia, la capacidad resolutiva y la previsión. Para la organización, el liderazgo puede considerarse una necesidad que logra movilizar y mantener unidos a los seguidores. Sin embargo, un excesivo ejercicio del liderazgo puede poner en riesgo, más que reforzar, al grupo, porque puede llevar a concentrar el poder en quien ostenta este atributo, de forma que el resto de la organización queda marginada del debate interno y reducida a un papel subordinado.

Entre las principales aproximaciones teóricas al fenómeno del liderazgo destacan la perspectiva conductista, donde se define el liderazgo en función del comportamiento de los líderes; la perspectiva situacional, cuyo objeto principal de análisis es el contexto en el que se enmarcan los líderes; los modelos de contingencia, que analizan los factores coyunturales que permiten la eficacia de un líder; y, finalmente, los modelos transaccionales y de aproximaciones guiados por el estudio de los aspectos cognitivos del liderazgo.

lobbying (cabildeo). Actividad nacida en la política norteamericana y consistente en que los grupos de presión den u obtengan la información precisa en el momento justo con objeto de modificar, neutralizar o influir en el proceso de elaboración de las políticas públicas y en el contenido de las mismas. La asimilación concreta de este fenómeno a los despachos profesionales (*lobbies*) que actúan preferentemente en los pasillos del parlamento, convive con una acepción más amplia del concepto que no se limita a Estados Unidos y que sirve para referirse a cualquier grupo de interés* en acción.

lógica de la acción colectiva Se consideran problemas de acción colectiva, según la teoría de juegos*, aquéllos que se producen cuando la acción descoordinada de los miembros de un grupo lleva a malos resultados para el conjunto. Más específicamente, el término se atribuye a Mancur Olson, quien, desde el enfoque de *rational choice**, sostiene que los pequeños grupos de intereses homogéneos disponen de ventajas para influir sobre los poderes democráticos, de las que no gozan los amplios y heterogéneos. Esto es así por las dificultades obvias de organización y control interno pero, sobre todo, porque maximizar el propio interés es la principal motivación que anima a la acción y en los grandes grupos existen muchos menos beneficios que recompensen la participación en ella. El gran tamaño hace que la previsible capacidad modificadora de los resultados como efecto de la aportación individual sea muy reducida y, como no se puede influir sobre la conducta global del colectivo, se opta por ejercer de *free-rider* (o polizón). Además, es racional no invertir esfuerzos inútiles para luchar por los bienes públicos porque, al carecer éstos de precio y ser indivisibles, no se puede marginar de su disfrute a los que no se han implicado en conseguirlos.

En definitiva, los intereses compartidos por grandes grupos no reciben el apoyo efectivo que debieran y, por el contrario, los intereses muy particularistas tienen más posibilidades de estar fervientemente defendidos. Esta interpretación tiene como última finalidad expresar la posibilidad de que el pretendido pluralismo de intereses sociales haya sido, en realidad, sustituido por un desequilibrio en el que sale perjudicada la sociedad y beneficiados los grupos sectoriales con capacidad de organización. Olson señala que éste es el resultado al que se llega si se confiere poder a grupos de intereses particulares como son los sindicatos o los colegios profesionales. Éstos, si bien en principio pueden considerarse grandes grupos, tienen mayor cohesión que la sociedad en su conjunto y superan los problemas de acción colectiva gracias a una serie de incentivos selectivos, tales como los premios a sus más fieles o la amenaza coactiva a los desleales.

La conclusión ideológica, cercana a los postulados del neoliberalismo, es que se debe rechazar cualquier práctica corporativa* porque conduce a resultados no democráticos. En cambio, el individualismo favorece la satisfacción del bienestar general o del mayor número, al tiempo que no redunda en un aumento del gasto público.

M

mandato *véase* representación política.

maoísmo Doctrina articulada por el líder comunista* Mao Tse-Tung para adaptar el marxismo a las condiciones de las sociedades tradicionales y agrícolas. A partir de 1949 fue aplicada en China por el propio Mao, a través de dos sucesivos planes bautizados como Gran Salto Adelante y Revolución cultural. Estaban movidos por la racionalidad colectivizadora y pretendían una alternativa rural al represivo estalinismo* industrializador. No obstante, sus resultados, en forma de caos y hambrunas, fueron tan desastrosos como la emulación que de los mismos realizara en Camboya el régimen genocida de Pol Pot.
El maoísmo se caracteriza por su impronta populista y antielitista, lo que le separa del leninismo* soviético, y sus contenidos ideológicos emanan de un proceso supuestamente descentralizado que asegura la revolución continua. De las masas, vagamente organizadas en comunas, surgirían unas ideas desordenadas que hay que sistematizar y concentrar (en un *libro rojo*). A pesar de su retórica participativa, el régimen político maoísta, que duró hasta 1976, fue totalitario* ya que necesitaba las formas dictatoriales para imponer su igualitarismo radical. Como doctrina relevante sólo sobrevive hoy entre algunas guerrillas de países en vías de desarrollo (como la peruana Sendero Luminoso).

marxismo Concepción teórica, doctrina revolucionaria, enfoque metodológico o movimiento de carácter político, conocido también como socialismo* científico, que debe su denominación al filósofo Karl Heinrich Marx. Su formulación ortodoxa consiste en el análisis histórico del conjunto de las injustas relaciones económicas que, envueltas por una correspondiente estructura ideológica, han ido variando de forma dialéctica para plasmarse siempre en la opresión de los más débiles. Sin embargo, la sociedad burguesa, dividida según Marx y su colaborador Engels en capitalistas* que poseen los medios de producción y proletarios alienados, estaría irremediablemente condenada al colapso. Cuando los obreros adquiriesen conciencia de su situación, se movilizarían y, victoriosos en la revolución, determinarían finalmente el advenimiento futuro de una nueva realidad sin diferencias de clase social.

Coincide con el anarquismo* en el énfasis igualitario pero, a diferencia de éste, es partidario de sacrificar la libertad individual y confiar al Estado un papel clave en el tránsito al comunismo*. Esta fue la primera escisión del bloque socialista, agrupado hasta entonces en la Primera Internacional, y se produjo en vida del propio Marx. Tras su muerte, los seguidores de la doctrina han realizado múltiples reinterpretaciones, de forma que no es posible ya hablar de una familia homogénea. El fracaso del determinismo parece haber marcado esta diversificación teórica e ideológica, pues la aplicación efectiva del marxismo, en contra de lo pronosticado, se produjo en países no industrializados y no allí donde la apropiación de la plusvalía era mayor. Así, el leninismo* o el maoísmo* surgieron para justificar por qué las revoluciones prematuras de Rusia o China no estaban animadas por el inexistente movimiento obrero, sino por pequeñas vanguardias proletarias o grandes masas campesinas agrupadas en el partido.

Por su parte, en el mundo occidental, junto al alejamiento de los revisionistas socialdemócratas* que optan durante el primer tercio del siglo xx por los procedimientos de la democracia liberal, el marxismo residual ha debido matizar el materialismo. Aunque éste sigue siendo central en el pensamiento estructuralista de Althusser, autores como Gramsci consideran necesario conceder más importancia a los factores culturales y políticos en el análisis de la lucha de clases, ya que ésta no es sólo opresión económica sino también hegemonía* ideológica. Más humanista es también la llamada teoría crítica, representada, por ejemplo, en la Escuela de Frankfurt. Esta corriente desarrollada entre Alemania y Estados Unidos, y que ha estado liderada por Adorno, Marcuse o, más adelante, Habermas, combina la psicología freudiana y considera a otros colectivos que sufren la represión junto a los obreros como potenciales sujetos de la revolución. Es indudable que, tras el colapso en 1989 de los sistemas que declaraban inspirarse en el marxismo, la doctrina ha quedado en evidencia ante el apogeo del liberalismo político y económico. No obstante, como ideología y como marco de análisis mantiene importantes potencialidades políticas y politológicas que hacen pensar que su historia está lejos de finalizar.

mayoría Según la definición más clásica de democracia*, que alude al gobierno de la mayoría, y a su expresión liberal, donde opera la regla de «un hombre, un voto», el respaldo de la mayoría identifica la situación de superioridad numérica que legitima la adopción de decisiones políticas. Sin embargo, la aplicación mecánica de este principio y la insensibilidad sistemática hacia las minorías pueden provocar graves arbitrariedades y, en contextos muy plurales, riesgos para la propia supervivencia de la comunidad política. Por esta razón el individualismo burgués, temeroso de que la democracia desembocara en un gobierno demagógico de los abundantes pobres contra los pocos ricos, se preocupó de proteger la supervivencia de éstos. Así se explica que las primeras constituciones plasmaran la división de poderes* y reconocieran, entre las declaraciones de derechos fundamentales, la intangibilidad de ciertos ámbitos de privacidad y la garantía de que sería posible la discrepancia. Estas instituciones han tenido más tarde un alcance mayor del original y su inclusión en la generalidad de las democracias ha permitido asegurar el pluralismo de los distintos sistemas políticos.

Más difícil resulta la protección de las minorías cuando las diferencias que las originan no se deben a razones ideológicas o programáticas que dividen temporalmente a los individuos, sino a desavenencias estructurales que afectan a colectivos. Así ocurre cuando grupos, que no comparten la adscripción religiosa o etnoterritorial preponderante, aspiran a la autoconservación y provocan inevitables conflictos políticos. En estos casos también existieron soluciones liberales para evitar la tiranía de la mayoría, como el modelo federal* de Madison adoptado en los Estados Unidos, aunque fue más frecuente que se ignorasen este tipo de propuestas correctoras, como le ocurrió a J.S. Mill y su fracasada sugerencia de que Inglaterra adoptase la representación proporcional.

De hecho, las situaciones de fragmentación han solido resolverse históricamente con la imposición coactiva de una cultura o lengua dominante, pero también es cierto que, otras veces, este proceso de hegemonización no se pudo llevar a cabo pues no existía identidad preponderante o fracasó. Éstos son los casos en los que aún hoy coexisten diversas minorías, lo que obliga a recrear instituciones democráticas donde las decisiones se legitiman más por el consenso que por el principio numérico. Este consociacionalismo*, propio de Europa continental, es también el modelo reclamado por los comunitaristas como idóneo para integrar, en el proceso político, a los grupos minoritarios no concentrados territorialmente.

En contraste, en aquellas estructuras políticas caracterizadas por la cohesión en torno a una misma identidad, o donde no existen marcadas lealtades comunitarias debido a la laicización y a la presencia de lazos sociales muy genéricos, la democracia puede ser fiel a su naturaleza originaria de forma que muy pocos ámbitos quedan al margen de la voluntad de la mayoría. En estas circunstancias, donde el conflicto no conlleva riesgo de desintegración, el proceso político se organiza en torno a una única escisión ideológica y el estilo de toma de decisiones se caracteriza por la imposición del programa de quien gobierne en ese momento. La potencial polarización resultante queda en última instancia frenada por la certeza real, y no sólo teórica, de que la única minoría accederá al poder en el futuro y, entonces, tampoco estará vinculada a normas que restringan su poder (como es rechazable que una mayoría coyuntural vincule a otra posterior, en los sistemas mayoritarios las constituciones están muy poco detalladas).

Desde luego, estas democracias son más propicias para la implementación de programas políticos maximalistas, en comparación con el incrementalismo propio de los consociacionalismos, pero también es verdad que los cambios en el poder pueden provocar una rápida inversión que neutralice posibles radicalismos. Además, como ha teorizado Downs, no es previsible que persistan graves discrepancias ideológicas porque, al reducirse la competencia a dos partidos, éstos tienden a converger en el centro del espectro para atraer a los votantes moderados que deciden las elecciones.

Los regímenes políticos donde se aplica la forma de gobierno británica se suelen considerar cercanos a un tipo de democracia mayoritaria (de ahí que también se conozca este modelo como *Westminster*). Según Lijphart, las características institucionales ideales que caracterizan al mismo incluyen un sistema electoral mayoritario, que fomenta el mencionado bipartidismo y los gobiernos en solitario; la ausencia de descentralización política y la atribución en exclusiva de la representación de la mayoría al parlamento. Éste consiste en una única cámara no sometida a constricciones de ningún otro contrapoder, sea un órgano senatorial influyente o una jurisdicción constitucional, que sin embargo delega toda su primacía cuando designa al gobierno. En efecto, al emanar el ejecutivo de la confianza parlamentaria se le otorga una inmensa autoridad sin que exista efectiva división de poderes y sin que la oposición, más allá del relativo control del que sea capaz, pueda influir directamente en las políticas públicas.

macartismo Fenómeno o movimiento político anticomunista desarrollado en Estados Unidos durante la etapa de posguerra. La estrategia socioeconómica *Fair Deal* aplicada por el entonces presidente demócrata Truman, consistente en elevar moderadamente el poder adquisitivo de los trabajadores norteamericanos, provocó que muchos empresarios acusaran al Presidente de prosocialista. Éstos, en conjunción con un Congreso igualmente hostil, explotaron la psicosis frente al nuevo enemigo soviético en el inicio de la Guerra Fría y animaron la aprobación de leyes que limitaban la libertad de los sindicatos y reforzaban la vigilancia frente a una supuesta presencia de infiltrados subversivos en la propia administración norteamericana.

Así aparece la figura de Joseph Mc-Carthy, un senador republicano convencido de tales tesis, que presidió una comisión de actividades antiamericanas en el Senado con capacidad jurisdiccional. Además de acusar a los siempre sospechosos intelectuales, la comisión investigó a numerosos dirigentes obreros y realizó continuas purgas políticas en los distintos niveles de la administración. El desarrollo de lo que se dio en llamar *caza de brujas* continuó hasta los años cincuenta, cuando el general republicano Eisenhower accedió a la Presidencia. Sin embargo, el concepto de *macartismo* se ha perpetuado al designarse hoy así a aquellos fenómenos de depuración política caracterizados por la visceralidad y movidos por una obsesión hacia las conspiraciones.

meritocracia Principio según el cual, los contrastes sociales se deberían fundamentar en las naturales diferencias de talento, inclinación y motivación que se dan entre los individuos que componen una sociedad determinada. Por tanto, la mayor o menor justicia de un sistema vendría dada por el grado de ajuste entre las diferencias sociales existentes y la real distribución de los rasgos individuales de cada persona.

En su aplicación más política, y a pesar del significado literal del término como gobierno de los que ostentan mayor mérito y capacidad, el principio no es incompatible con el democrático. Con independencia de que la dirección política de la sociedad debe encomendarse a los elegidos según las preferencias de la mayoría, existe un amplio margen para la aplicación de la meritocracia en las funciones públicas (ejecutivas, técnicas, reguladoras y judiciales). La concepción meritocrática tiene su versión moderna en la ideología liberal* y la teoría de la estratificación funcionalista, que sostiene que la sociedad se estructura en relación con el rendimiento y la contribución de sus miembros.

militante Individuo que se implica directamente, a través de la lealtad efectiva y la contribución económica regular, en el seno de determinadas organizaciones orientadas hacia el ejercicio del poder. En el ámbito de los partidos políticos se entiende por militantes o afiliados al conjunto de adherentes, registrados como tales y que participan en la toma interna de decisiones. Por consiguiente, a diferencia de los votantes, no se limitan a compromisos discontinuos y exteriores tales como el apoyo electoral.

Los militantes conforman, en teoría, el círculo de poder en los partidos y contribuyen, según Duverger, a la provisión democrática de las élites. Sin embargo, los afiliados deben competir con otros centros de extracción de élites, tales como la burocracia y, en realidad, gran parte de ellos queda al margen de la dirección real de la organización. La vida de ésta suele resultar controlada por una pequeña oligarquía de militantes que, según Michels, impone su *ley de hierro*.

Entre el afiliado y el simple votante existe, además, una tercera categoría para la que se aplica el término de *simpatizante*. Se trata del individuo que suma al mero apoyo electoral la confesión pública expresa de sus preferencias por un determinado partido político o sindicato, al estar de acuerdo con los principios ideológicos, las actitudes políticas o los objetivos concretos de esa organización. Algunas muestras de simpatía son, por ejemplo, la lectura de propaganda o de los órganos de expresión disponibles y la asistencia a manifestaciones o mítines.

ministro Término referido a la persona que forma parte de la cúspide colegiada del poder ejecutivo* y que está subordinada, en su función y normalmente en su designación, a la dirección del primer ministro*. Como miembro solidario del gobierno* en el que se integra, participa en los consejos y además, salvo que haya sido nombrado sin atribución de cartera, está al frente de uno de los departamentos en que se divide la administración*. Éstos, que reciben el nombre de ministerios, consisten en órganos complejos jerárquicamente estructurados que se encargan de un sector homogéneo de intereses públicos y del que su titular es responsable político.

El poder efectivo ejercido por cada ministro depende de su liderazgo personal, la materia de la que se ocupe (siendo las de hacienda y asuntos exteriores las tradicionalmente más importantes), su relación con el jefe del ejecutivo y su carácter técnico o vinculado ideológicamente a la mayoría parlamentaria que apoya al gobierno. No obstante, también son factores importantes el carácter monocrático, colectivo o fragmentado de éste; y, por supuesto, si su labor consiste en la mera gestión burocrática de su departamento o en la activa preparación de proyectos de ley y políticas públicas.

mitin Concepto que, derivado del inglés *meeting* (encuentro), sirve para referirse a las reuniones públicas en torno a una causa política común. Por esta razón se trata, más bien, de espectáculos estáticos en los que unos cuantos oradores reciben el apoyo de un auditorio predispuesto a reforzar su identificación y lealtad hacia ellos. El origen de esta práctica está vinculado de forma directa al surgimiento del movimiento proletario y de los partidos de masas, ya que la escasa formación de los primeros destinatarios, los obreros, hacía difícil la difusión efectiva de las ideas usando exclusivamente los órganos de expresión escritos. Más tarde, el mitin fue igualmente empleado por los movimientos fascistas, si bien aplicando una mayor carga psicológica.

Durante mucho tiempo este acto de discusión fue valorado como un instrumento de socialización política indudable. No sólo era ocasión para la adhesión emotiva, en un ritual que incluía himnos y banderas, sino un verdadero medio de transmisión de actitudes e instrucción política. Sin embargo, en la actualidad, el desarrollo de la educación y de los medios de comunicación le han hecho perder importancia formativa y prácticamente se limita, antes de las elecciones, a servir de manifestación pública y simbólica para la autoafirmación partidaria y la unión simbiótica entre líderes y asistentes propicios.

moción de censura *véase* control parlamentario.

monarquía Forma política de amplia tradición histórica, referida al mando o gobierno por una sola persona cuya autoridad, legitimada en la tradición, no se somete periódicamente a la posibilidad de ser revocada. Para Aristóteles, la virtud de la misma depende de la sabiduría, bondad y consenso popular sobre dicha persona pues, de lo contrario, esta magistratura perpetua deviene tiranía. La adaptación progresiva a los diferentes contextos políticos permite identificar distintos tipos de monarquía, a partir de la electiva original que fue desapareciendo para dar paso a una concepción hereditaria dinástica que fortalecía, por su eficacia y simpleza, la permanencia de la unidad del territorio sobre la que se afirmaba.

A partir del período feudal, el rey, que era solo un *primus inter pares*, va afirmando su posición desmontando los distintos cuerpos de intermediación social que le separan de sus súbditos y se alcanza así el absolutismo*. Con la progresiva desaparición de éste, fruto de la oposición revolucionaria liberal e inspirados normalmente en el ejemplo inglés, los regímenes democráticos que no optan por la república* van limitando el poder del rey. Gradualmente adviene la monarquía constitucional, donde la soberanía está compartida entre la nación y el monarca, y finalmente la parlamentaria, en la que el rey se limita a ejercer de simbólico y neutral jefe del Estado*. No obstante, algunos autoritarismos islámicos u orientales cuentan con monarcas que disfrutan aún de gran poder efectivo.

municipio Ente local territorial básico que es gobernado por un ayuntamiento. La relevancia política de éste se deriva de su naturaleza como centro de representación y gobierno del vecindario que convive en el mismo núcleo de población. Además, constituye el órgano encargado de prestar importantes servicios administrativos. La heterogeneidad en el tamaño y poder de los municipios, como demuestra el caso español, se debe a que todo el territorio se divide según este nivel y, sin embargo, mientras unos son rurales, despoblados y pequeños, otros son grandes y urbanos.

Aunque las constituciones suelen afirmar la personalidad autónoma de los municipios, su identidad política suele limitarse a la ejecución de ciertas funciones menores y a un poder reglamentario muy subordinado a los niveles de gobierno superior. Además, como señala Dente, la ausencia de una hacienda local autosuficiente es un problema adicional que acentúa su dependencia del Estado central y, allí donde existan, de las regiones. Por otro lado, en los casos de los municipios más pequeños, su incapacidad para desarrollar eficazmente las competencias que les corresponden, obliga a la intervención de un nivel adicional, provincial* o comarcal, que coopera para tal fin. En el territorio del municipio se distingue entre la población de hecho y la de derecho. Ésta última es la integrada por los vecinos censados que pueden participar en la elección de los concejales y del alcalde. La cercanía de esta administración a la vida cotidiana del residente y su influencia marginal en los grandes asuntos políticos ha provocado que en el ámbito de la Unión Europea exista la posibilidad de implicar en el gobierno local a cualquier ciudadano de un Estado miembro que esté domiciliado en el municipio en cuestión.

N

nacionalismo Movimiento político que, considerando a la nación como centro en torno al que debe girar la vida política, defiende la necesidad de una correlación entre la unidad nacional y la entidad que organiza la política. Esto se consigue, normalmente, dotando a la nación de un Estado propio e inspirando a éste los supuestos valores compartidos por la población, que suelen consistir en una mezcla de elementos románticos y racionales. Los nacionalistas afirman que nación y Estado están hechos el uno para el otro y que el uno sin el otro son algo incompleto y trágico.

Existen múltiples ideas de nación y, dependiendo de la concepción que se tenga de ese proyecto sugestivo de vida en común, en palabras de Ortega, el nacionalismo puede ser un fenómeno de características muy dispares. Una versión que tradicionalmente se ha considerado más conservadora es aquélla que presupone la existencia de unidades culturales homogéneas, a partir sobre todo de la lengua común. En esos casos se defiende que gobernantes y gobernados compartan un mismo *Volksgeist* (o espíritu del pueblo) que, se-gún Herder, hay que buscar en las esencias históricas. De esta forma, la *comunidad* tiene un único origen místico y se consigue fácilmente el gobierno armónico. Esta concepción exclusivista dificulta la coexistencia en un mismo terreno con otras minorías culturales, porque la diferencia es considerada un obstáculo a la convivencia, y por tanto no es extraño que se produzcan reacciones xenófobas.

El nacionalismo liberal, menos preocupado por el organicismo y acentuando el sentimiento de *sociedad*, no pretende fundar la legitimidad del Estado sobre la coherencia con el legado cultural previo del territorio sobre el que se proyecta. Al contrario, este nacionalismo político se orienta hacia la regeneración de la nación con un programa político guiado por reformas de futuro y donde la nacionalidad se justifica permanentemente, de acuerdo con Renan, por la implicación en ese proyecto y no por la pertenencia a ningún grupo étnico predeterminado. Aunque el modelo ético que impulsa a este nacionalismo parece más universalista y menos egocéntrico, no significa que sea propenso a respetar la pluralidad.

De hecho, al tratar de imponer los principios liberales y laicos que lo justifican, ha de apoyarse en una identidad mayoritaria que facilite la empresa, aportando, por ejemplo, el idioma común, con lo que se tienden a eliminar las lealtades etnoterritoriales menores.

Aunque según las teorías primordialistas la politización del vínculo entre grupo y territorio es ancestral, el primer nacionalismo moderno nace en la Revolución francesa. Responde al modelo liberal pues pretendía eliminar los obstáculos del Antiguo Régimen al nuevo orden burgués y, para tal fin, era necesario eliminar los privilegios territoriales y socializar a la población en una adscripción nacional que sustituyese a las instituciones feudales. Sin embargo, poco tiempo después, la dispersa población alemana se movilizó políticamente en favor de la unificación siguiendo las directrices de una ideología conservadora. También el patriotismo inglés encuentra más propicio subrayar las bondades del organicismo y la tradición para alcanzar la cohesión social perseguida.

El nacionalismo se afirma frente a unidades más pequeñas e identidades no territoriales y, si no se desactiva cuando ha alcanzado sus objetivos de constituir un Estado-nación, desemboca en el expansionismo. Precisamente, como realidad opuesta y reactiva, surge el nacionalismo antiimperialista, que se caracteriza por afirmarse, no frente a un conjunto de rivales, sino en relación con un enemigo muy concreto y hegemónico. La lucha contra el colonialismo nace durante la independencia norteamericana con un carácter integrador, dados el enorme pluralismo de la población estadounidense y su falta de pasado en común. Sin embargo, en América Latina, Europa del Este y el Tercer Mundo la emancipación política de las potencias extranjeras, que se anima como paso necesario para el desarrollo, se combina con la exaltación de la diferencia cultural ancestral.

El éxito del nacionalismo se debe a la fuerza del vínculo que une a los individuos en grupos que participan de los mismos rasgos culturales, religiosos, lingüísticos o raciales. El atractivo de una supuesta igualdad y de la ligazón a un territorio es mucho más tangible que la abstracción de una ideología compartida. Por eso el nacionalismo ha sido recreado para reforzar otro tipo de lazos políticos, como en el comunismo estalinista, o para lograr el apoyo a dictaduras. De ahí también que los intentos de construir ideales cosmopolitas tropiezan, como le sucede al europeísmo*, con importantes oposiciones.

Actualmente, cuando se ha producido una autodeterminación* generalizada de antiguas colonias y los estados más consolidados no necesitan seguir fundando su propia identidad, el nacionalismo es un fenómeno aún vigente allí donde el Estado ha fracasado al pretender conformar un proyecto integrador y, junto a un grupo cultural mayoritario, coexisten minorías periféricas definidas y relativamente secesionistas. Pero es imposible la estatalización de todas las unidades nacionales, tanto por el gran número y la artificialidad de éstas como porque existen solapamientos sobre un mismo territorio. Por ese motivo, y pese a la supuesta globalización, allí donde no se consiga basar la convivencia en ideales más universalistas, el nacionalismo seguirá siendo causa de infinidad de conflictos políticos que potencialmente pueden desembocar en violencia.

nazismo Variante del fascismo* que se caracteriza por su naturaleza ultranacionalista y un fuerte sentimiento antisemita que le llevó, en su desarrollo, a propugnar el exterminio del pueblo judío. El partido Nacional Socialista Alemán llegó al poder en 1933 y el totalitarismo* expansionista entonces instaurado, en torno al máximo líder Adolf Hitler, se prolongaría hasta ser derrotado en la Segunda Guerra Mundial. A pesar de que esta realidad política se manifestó en este contexto histórico determinado, el término sigue utilizándose para caracterizar regímenes o partidos que comparten los rasgos mencionados y, particularmente, el racismo o la xenofobia.

neocorporativismo *véase* corporativismo.

neoinstitucionalismo *véase* institucionalismo.

neoliberalismo *véase* liberalismo.

O

objeción de conciencia Manifestación concreta y legitimada del reconocimiento de la libertad de pensamiento. Para catalogar determinada actitud como objetora, deben concurrir una serie de condiciones entre las que pueden destacarse: la existencia de una norma que acarrea prestaciones o actos de carácter personal; la concurrencia de una actitud ética del que lleva a cabo la objeción; la no utilización de métodos violentos para reivindicar las posiciones; la no pretensión de sustituir o cambiar las normas frente a las que se objeta, ya que se desea sólo la excepción en el caso concreto sustituyendo el deber rehusado por una prestación sustitutoria; y, por último, la imposibilidad de que una pretendida objeción pueda perjudicar a terceros o violar cualquier tipo de derecho fundamental.

La objeción de conciencia comparte un gran número de caracteres con la desobediencia civil*, pero de ella le separan ciertos rasgos como son la privacidad, la legalidad y la pasividad de la primera, frente a la publicidad, ilegalidad y rebeldía de la segunda. El ámbito que habitualmente es materia de objeción es el de la prestación del servicio militar. En todo caso, dependiendo del ordenamiento jurídico específico, se admiten más o menos posibilidades para anteponer la especificidad que provoca una cuestión de conciencia frente al principio de generalidad de las normas.

oclocracia Forma de gobierno caracterizada por ser la masa, generalmente inculta, la que ostenta y ejerce el poder político en detrimento de la minoría selecta o aristocracia. El origen del término, que está conectado al de demagogia*, se remonta a la clasificación hecha por Polibio durante las Guerras Púnicas.

oligarquía Régimen o forma política definida por Platón y Aristóteles como el gobierno ejercido sin tener en cuenta el interés común sino el propio de aquellos pocos que lo detentan. Supone la permanencia o conquista del poder político por parte de un grupo reducido que cuenta además con una posición social de privilegio por razones culturales, familiares y, sobre todo, económicas. Es famosa la aplicación del término a los partidos políticos que, según

Michels, están organizados de acuerdo con una *ley de hierro* que impide la participación efectiva de las bases en su dirección.

ombudsman *véase* Defensor del pueblo.

oposición Enfrentamiento, sea cual fuere su grado, con respecto a una determinada postura política. Su uso suele reservarse a la contestación generada en sectores de la sociedad como consecuencia del ejercicio del poder, pero resulta aún más relevante referirse a una acepción más estricta del término. En efecto, como institución democrática, la oposición consiste en la alternativa vertebrada de poder que se postula frente a la mayoría* gobernante. Su existencia, por tanto, está vinculada a un sistema plural y competitivo que, pemitiendo el potencial reemplazo en una futura elección, da lugar a la aparición de grupos de gobierno y grupos opositores.

Aunque la idea queda oscurecida en los sistemas pluripartidistas, en el parlamentarismo clásico la oposición deriva de la realidad bipartidista que fomenta que el principal partido minoritario lleve a cabo una tarea de aproximación preparatoria al poder.

Esta labor se facilita al adjudicársele la prioridad en el ejercicio de la crítica sistemática al gobierno y la mayoría parlamentaria en la que éste se apoya. A pesar de la privilegida situación de que goza la oposición como manifestación principal del control democrático al poder, a través del artificio de calificar de asuntos de Estado gran parte de las materias importantes, el ejecutivo restringe los derechos de la oposición (por ejemplo, el de recepción de documentos).

El sistema británico fue el pionero en considerar la oposición como elemento funcional de la gobernación y en él se originó el concepto, íntimamente relacionado, de *gobierno en la sombra*. Bajo el liderazgo del jefe de la oposición, que normalmente es candidato a dirigir el gobierno real en el futuro, se determinan las personas encargadas de fiscalizar en concreto la tarea de los distintos ministros. De esta forma, se concibe la actividad opositora como el ejercicio de la crítica responsable y no obstruccionista. Así, la labor desarrollada en la oposición sirve de muestra clara a los electores sobre las intenciones y comportamientos de la minoría que aspira al futuro turno.

P

pacifismo Conjunto de opiniones y prácticas que abogan por la necesidad de una reconciliación internacional a través de mecanismos diplomáticos pacificadores. En sentido restringido es el movimiento basado en el rechazo, bajo cualquier circunstancia, del uso de toda forma de violencia como medio para resolver los conflictos. En el pensamiento pacifista hay que distinguir entre un nivel político, preocupado por desterrar el recurso a la guerra en las relaciones interestatales, y otro más personal. Este último, representado, por ejemplo, en el movimiento religioso cuáquero, se aplica a las actitudes individuales con respecto al Estado y conduce, entre otros, al movimiento de objeción de conciencia* al servicio militar.

No se puede afirmar la existencia de ninguna teoría pacifista uniforme o totalizadora, por lo que, para aproximarse a sus bases ideológicas, se han de considerar las distintas concepciones autodefinidas como pacifistas. Fundamentalmente se puede distinguir una orientación religiosa, como la de Gandhi o la dirigida a la interpretación del espíritu bíblico, de otra representada por la escuela utilitarista. Esta última, en la que se basan los pacifismos socialista y anarquista, mantiene que la violencia en general produce a largo plazo efectos negativos que difieren de lo previsto primigeniamente.

parlamento Es el órgano político teóricamente central en la democracia representativa y sólo está sometido a la constitución y, por tanto, a la interpretación que de ella hagan los tribunales constitucionales allí donde existan. Con antecedentes en la Edad Media, aunque eclipsado durante el período absolutista, las revoluciones liberales lo reinstauraron para que reprodujera, en forma colegiada e impersonal, la pluralidad de voluntades políticas que conforman la nación. Por ese motivo, la también llamada asamblea tiene formalmente asignada la función de debatir y adoptar las decisiones más importantes. Sin embargo, aunque aún ostenta la capacidad final para aprobar las leyes y establecer impuestos, no domina efectivamente la elaboración de las políticas públicas. Al haberse afirmado progresivamente el gobierno como actor institucional más poderoso, el parlamento sólo puede llegar a influenciar un proceso que, sobre todo en su fase inicial y final, está mucho más protagonizado por el poder ejecutivo*. Hoy el parlamento mantiene su protagonismo en el control* del gobierno y en el reclutamiento de élites políticas, pero este papel, y otras posibles funciones públicas, varían dependiendo del sistema político de que se trate.

En los regímenes conocidos como parlamentarios se concede, en principio, más importancia al poder legislativo que al ejecutivo ya que el primero es el único que disfruta de legitimidad popular directa. Esto supone que la asamblea tiene capacidad de designar y cesar al jefe del gobierno pero, al organizarse el parlamento a partir de partidos políticos disciplinados, existe una identidad entre los dos poderes. En esos casos, al operarse más según el principio de mandato que el de representación*, la mayoría puede asentar su actividad sobre el ejecutivo con la ventaja de que éste tiene a su servicio todo el aparato burocrático. De hecho, si el primer ministro* consigue ejercer el liderazgo sobre su gobierno y su grupo parlamentario, es muy posible que, como ocurre en las Cortes españolas, el poder legislativo quede absolutamente subordinado y todas las iniciativas políticas partan del ejecutivo.

Ahora bien, en aquellos sistemas parlamentarios en que la mayoría que apoya al gobierno en la asamblea es frágil y el ejecutivo está poco cohesionado, debido, por ejemplo, a que está formado por una coalición multipartidista, entonces la función de deliberación no puede obviarse y el parlamento recupera protagonismo. En todo caso, incluso en estas circunstancias, ha de mantenerse cierta identidad entre los poderes, de forma que en caso de graves disonancias se acude a la moción de censura o a la disolución gubernamental del parlamento. Es decir, la relativa coincidencia a la que está condenado el modelo parlamentario evita conflictos institucionales graves, facilita la gobernación y la dota de estabilidad. Sin embargo, esta fluidez se hace al precio de reducir los *checks and balances*, que también son propios de la democracia, y curiosamente marginando al parlamento.

En contraste, donde más importancia mantiene el poder legislativo es en los regímenes presidencialistas*, pese a que formalmente no monopoliza la expresión directa de la voluntad popular. En esos casos, debido al diferente origen electoral del legislativo y el ejecutivo, es mucho más posible que no coincidan políticamente y, de esta forma, es inevitable mantener la división de poderes* y funciones. La *dictadura electiva* del gobierno a la que puede desembocar el modelo parlamentario en su versión mayoritaria queda, pues, mucho más limitada por un efectivo contrapoder.

Por otro lado, el parlamento también ha venido reduciendo, como consecuencia de los medios de comunicación y de la relación directa entre gobierno y actores privados, su papel como vínculo entre el pueblo y el poder. Con todo, y pese a la transferencia de competencias que algunos estados han realizado en favor de regiones y organizaciones internacionales, sigue conectado a la idea de soberanía nacional y es clave para mantener el modelo de democracia indirecta sobre la convicción de que los parlamentarios, por información y perspectiva, están mejor preparados que los ciudadanos para definir el interés común. Hay que tener en cuenta que esta privilegiada situación de sus miembros, que les acarrea diferentes inmunidades, no se deriva de un principio tecnocrático sino de la elección democrática que da lugar a la representación. Esta importante función de legitimidad que pretenden cumplir las asambleas legislativas ha hecho que incluso los sistemas no democráticos hayan recreado tradicionalmente cámaras pseudo-representativas para disimular su autoritarismo.

El parlamento trata las funciones más políticas y generales en el pleno aunque suele dotarse de comisiones especializadas para hacer efectiva su presencia por sectores. Sin embargo, en lo que se refiere a su estructura, la distinción más relevante es la que diferencia a parlamentos unicamerales de bicamerales*. Mientras el primer modelo es propio de los sistemas no descentralizados o que pretenden facilitar la adopción de decisiones, el bicameralismo es característico de los parlamentos más inclinados a completar el principio de mayoría con el de deliberación y dar cabida a intereses socieconómicos, aristocráticos o, especialmente, territoriales.

participación política Acción o simple actitud a través de la que un individuo o grupo, que no está *a priori* formalmente designado para tomar las decisiones políticas, pretende intervenir en ese proceso. Se plasma en muy distintas formas, que pueden ser o no conformes a las reglas de juego predeterminadas para encauzar este tipo de impulsos. La participación no legal es la tradicionalmente usada por los movimientos contestatarios, aunque es posible añadir que, en democracia, ciertos grupos con intereses poco confesables también acuden a métodos irregulares para presionar sobre los teóricamente autónomos poderes públicos.

A partir sobre todo de la extensión del sufragio, la fórmula central de participación en el sistema democrático actual es el ejercicio periódico del derecho de voto*, con el que se designan los representantes que efectivamente dirigen las instituciones públicas. Esta fórmula, indirecta y episódica, reduce la implicación en los asuntos públicos a un simple juicio muy costreñido por la existencia de partidos y el propio sistema electoral. Así, la influencia efectiva de los que sólo votan puede llegar a ser insignificante pero, aunque eso contrasta con una idealizada *libertad de* *los antiguos*, al menos asegura ciertos mínimos de factibilidad y de igualdad de acceso.

Junto a ella, en todo caso, existen otras posibilidades de participación que pretenden influir sobre la decisión y no sólo sobre la selección de los que toman las decisiones. El reconocimiento del derecho de reunión o la libertad de expresión son condiciones básicas para la participación individual y ésta pronto exige complementarse con otras manifestaciones más grupales. En este sentido, los instrumentos de participación tienen que ver con el derecho de manifestación y el de asociación a un sindicato*, un grupo de presión* o, sobre todo, un partido político*.

Quienes defienden una democracia más deliberativa subrayan la necesidad de avanzar aún más en la implicación efectiva de los individuos o los grupos en las *arenas* donde se ejerce el poder. Las anteriormente mencionadas formas de participación no aseguran el debate público efectivo, ya que la información es asimétrica y las formaciones políticas colectivas suelen estar oligarquizadas. Por eso, sobre todo si se pretende modificar la estructura de intereses dominante, se promueven formas alternativas para sondear a la opinión pública. El referéndum*, pese al peligro de su degeneración plebiscitaria, la iniciativa legislativa popular o el reconocimiento de ciertos movimientos sociopolíticos como representantes de intereses colectivos son buenos ejemplos de esta posible expansión.

Además de la genérica clasificación expuesta, también ha sido muy común en la politología conductista* graduar la participación según las reacciones que se pueden dar a partir de la exposición a estímulos políticos. Comenzando por la simple implicación en una discusión de naturaleza política, se puede ir ascendiendo y tratar de convencer a otro para que oriente su voto en un sentido determinado, dar muestra pública de simpatía con distintivos o logotipos políticos, contactar con un dirigente o representante político, financiar o trabajar gratuitamente para la difusión o el triunfo electoral de un determinado partido, ser militante* de un grupo político, y, por último, ser representante público o desempeñar un puesto de carácter orgánico dentro de una formación política.

partido político Organización política con cierta ambición de permanencia que agrupa a una serie de personas relativamente cohesionadas en torno a una ideología y, sobre todo, con la voluntad de llegar al poder público. Es ésta una ambición explícita que, en los sistemas democráticos, se traduce en candidaturas para ganar representación y, si es posible, acceso al gobierno. Los partidos, cuyo origen se remonta a las facciones militares, nacen en realidad a finales del siglo XVIII, cuando era posible mantener una formación política contando tan sólo con un grupo de notables acaudalados. Más tarde se adaptan a la extensión del sufragio y expresan el pluralismo político de forma que resultan imprescindibles para estructurar la participación masiva en democracia. Los partidos se constituyen hoy en los principales actores, tanto para la agregación y articulación de intereses como para el reclutamiento de élites. Hacen así viable los regímenes representativos indirectos, aunque también es cierto que han sido adoptados como instrumento idóneo de movilización en las dictaduras de partido único.

Todavía existen partidos de cuadros, pero las múltiples funciones desempeñadas por estas organizaciones a partir del siglo XX exigen la existencia de una base social asentada sobre agrupaciones locales. Éstas quedan relativamente subordinadas al aparato central que, además, según Michels, tiende a estar dominado por una reducida oligarquía que impone férreamente sus directrices políticas. Así funcionan los llamados partidos de masas, que pretenden ser viables y disciplinados aunque es consustancial a ellos la existencia de facciones que mantienen cierta pluralidad interna. A diferencia de sus antecesores, que se centraban en la opinión y en la estricta esfera política, los partidos de masas pretenden una adscripción social sólida a la organización. Vinculados en su origen al movimiento obrero revolucionario o a las ideologías nacionalistas, el reclutamiento de militantes* es masivo y la educación política de los mismos es fundamental.

Más adelante, la orientación prioritaria hacia la victoria electoral hace que emerja un nuevo tipo de partidos *atrápalotodo* o *catch-all parties**, donde la captación de electores supera en importancia a la de militantes. Estas formaciones se caracterizan por cierto relajamiento ideológico, dado que la competición por los votos obliga a moderar los programas, y por buscar financiación que cubra los crecientes gastos de campaña y de patronazgo. También son un fenómeno frecuente los partidos vinculados a una persona concreta pero, no obstante, la mayoría de ellos siguen distinguiéndose por algún *cleavage** o escisión social cristalizada políticamente. Los conflictos territoriales, entre centro y periferia, o los socioeconómicos, entre capital y trabajo, son ejemplos de divisiones que usualmente han dado lugar a una identificación popular en torno a una doctrina y, como consecuencia, a la creación de un partido. Las combinaciones son múltiples pero, por razones históricas e institucionales, sólo algunas de estas escisiones se han *congelado* y vienen estructurando permanentemente los sistemas de partidos*.

Una serie de solapamientos ha hecho que la división ideológica más común que separa a los distintos partidos sea la que se deriva del conflicto socioeconómico y distingue hoy a la izquierda de la derecha.

Junto a estas referencias, especialmente allí donde existe gran complejidad social, existen pequeños partidos que, en principio, sólo pueden aspirar a ejercer el poder formando parte de una coalición más amplia. Estas formaciones pueden permitirse mayor maximalismo ideológico que los principales partidos, pero es también muy habitual que simplemente representen intereses sectoriales sin aspirar a ejercer funciones públicas. En estos casos, diferenciarlos de los grupos de interés* es complicado y existen partidos agrarios, feministas, ecologistas, regionalistas o religiosos que incluso han nacido de aquéllos. Ahora bien, su estrategia de influencia sobre el poder es así más manifiesta, siendo mensurable el apoyo popular que reciben, y su presencia en las instituciones puede permitir ciertas ventajas sobre la simple actividad de *lobbying*.

Se suele hablar de cierto declive del modelo de democracia basada en los partidos. Algunos de los fenómenos mencionados han hecho que los ciudadanos consideren los partidos, en el mejor de los casos, como un mal menor. No obstante, a pesar de que surgen nuevo movimientos políticos expresamente opuestos a lo que simbolizan los partidos clásicos, lo cierto es que éstos siguen estructurando el proceso político y consiguen amplio respaldo en las elecciones. Ideológicamente moderados y afectados periódicamente por escándalos de corrupción, los partidos parecen en definitiva capaces de adaptar permanentemente su funcionalidad como manifestación de la voluntad popular y como instrumento imprescindible de la participación.

patronage (patronazgo) *véase* clientelismo político.

plebiscito Votación que lleva a cabo el pueblo en general (plebe) para pronunciarse directamente sobre la adopción de decisiones especialmente relevantes o para respaldar a una determinada persona. Aunque Voltaire lo empleó para referirse al referéndum* suizo, el término alude más a una selección entre opciones donde lo político sobrepasa en importancia a lo estrictamente jurídico.

En la actualidad, se suele distinguir entre ambos tipos de participación directa de acuerdo con los regímenes políticos que acuden a una u otra. Mientras que el referéndum es la denominación más comúnmente utilizada en las democracias constitucionales, el término plebiscito suele reservarse para calificar peyorativamente las consultas populares que puedan realizar periódicamente los gobiernos autoritarios o populistas. En esos casos, con el pretexto de eliminar intermediadores entre gobernantes y gobernados, se pretende en realidad legitimar una situación irregular o reforzar un liderazgo personal.

pluralismo Conjunto de enfoques teóricos que proclaman que la complejidad de la sociedad se refleja, o debe hacerlo, en el ejercicio del poder político. De manera similar al resto de corrientes politológicas, el pluralismo nació con vocación normativa para propugnar, como, por ejemplo, en los escritos de Bentley, la preferencia por una democracia donde una multitud de asociaciones intermedias articularan el debate público y donde los ciudadanos, perfectamente informados, se pronunciaran libremente sobre sus preferencias políticas. Para conseguir la concurrencia al proceso de toma de decisiones en igualdad de condiciones y evitar la concentración de poderes, los primeros pluralistas adoptaron una actitud prescriptiva sobre el diseño institucional, postulando una efectiva división de poderes* y una articulación de la sociedad civil en grupos organizados para que el poder democráticamente elegido no adoptase maneras plebiscitarias. De este modo la democracia pluralista no se opone sólo a los autoritarismos monistas sino también al universalismo individualista, que puede provocar la tiranía de la mayoría*, y de ahí que la doctrina se haya conectado al origen del comunitarismo*.

Más adelante, los teóricos del pluralismo pretendieron averiguar, a través de investigaciones empíricas, hasta qué punto la realidad de los sistemas políticos liberales se acomodaba a ese *deber ser*. Desde esta perspectiva descriptiva, los pluralistas llamaban la atención sobre la excesiva simplicidad de los modelos elitistas* o marxistas*, por ofrecer

una interpretación de concentración permanente y estructural del poder en, respectivamente, una minoría selecta o una clase social dominante. En contraste, y según este enfoque, la fragmentación de la autoridad y la fluidez en su ejercicio caracterizaría a las sociedades actuales de forma que ningún grupo podría controlar de manera permanente la elaboración de las políticas públicas. Es decir, el gobierno no podría considerarse un actor cohesionado que pone el poder al servicio de unos únicos intereses sino una *arena* a la que tienen acceso muy diversos colectivos rivales.

A partir de los presupuestos algo ingenuos del primer pluralismo, asociado en un principio a cierta justificación ideológica de la democracia norteamericana, nuevas tendencias de la corriente se mostraron sensibles a las deficiencias que, en la práctica, caracterizaban al sistema. Este desarrollo más crítico y explicativo ha llevado a hacer del pluralismo la teoría dominante en la ciencia política contemporánea. Así, Dahl, pretendiendo huir de todo normativismo, considera más ajustado a la realidad hablar de poliarquía* que de democracia, pues no toda la sociedad está representada en el proceso político y, aunque efectivamente muchos grupos tienen acceso al poder, algunos de ellos se benefician de una conexión privilegiada. Por otro lado, la relativa permeabilidad que caracteriza a los gobiernos no se debe a que éstos sean sinceramente receptivos hacia los distintos sectores, sino a que la fragmentación de agencias administrativas permite una competencia entre diferentes redes de actores que se centran en las políticas concretas.

Existe, pues, un riesgo de gobierno fraccionado, donde el interés general queda supeditado al resultado de disputas particularistas, y ese es el motivo que lleva a muchos sistemas políticos a preferir formas más agregadas de toma de decisión. Es el caso de las democracias continentales europeas que, tradicionalmente, han pretendido conformar el interés general negando el conflicto entre intereses sectoriales y condenando las presiones que éstos puedan ejercer sobre el gobierno. En contra de lo postulado por el modelo pluralista de dispersión del poder, que es el propio del mundo anglosajón, se opta por hacer autónomo al aparato gubernamental que opera en un proceso político cerrado y estatista; o se acude a las pautas corporatistas*, según las cuales ciertos grupos privados son oficialmente reconocidos como únicos representantes de la sociedad civil y consecuentemente quedan legitimados para negociar las decisiones públicas con el gobierno.

plutocracia Forma política de gobierno, de origen etimológico griego, que se caracteriza porque el poder está en manos de aquellos individuos que, dentro del Estado, tienen las posiciones económicas más ventajosas. La posesión simultánea de riqueza y poder se identifica en muchas ocasiones con el fenómeno oligárquico*.

Tanto Platón en su *República* como Aristóteles en su *Política* analizaron con detenimiento la cuestión de la propiedad privada en manos de los gobernantes. Mientras que, según el primero, ésta no es de desear para el segmento superior de la sociedad (guerreros o filósofos), para el segundo es necesaria aunque plantee ciertos problemas. Y es que Aristóteles sólo veía factible el buen gobierno basado en un sufragio amplio pero limitado a los propietarios (es decir, la aristocracia* plasmada en lo que también denominó timocracia*).

poder Concepto que expresa la energía capaz de conseguir que la conducta de los demás se adapte a la propia voluntad. Es una influencia sobre otros sujetos o grupos que obedecen por haber sido manipulados o atemorizados con una amenaza de empleo de la fuerza. Aunque a veces no es necesario ejercer el poder, pues quien lo posee consigue sus fines apelando a su autoridad* o a la capacidad de persuasión, otras es necesario recurrir a la violencia para consumar la imposición.

El poder es político cuando se ejerce en un marco donde la coerción es legítima o la recompensa por la obediencia tiene que ver con beneficios provistos por la comunidad. El Estado* es la institución que aspira a monopolizar, a través de la idea de soberanía*, el poder político que asegure el mantenimiento de un determinado orden social. No obstante, y a pesar de que el poder tiende en la mayoría de las ocasiones a prolongar lo ya existente, otras veces también se orienta a establecer un orden social que en principio es diferente u opuesto del que surge y en el que se ha desarrollado.

Con el surgimiento y desarrollo de la ciencia política*, se le puede catalogar, junto con la interacción política, como el objeto fundamental de la misma, aunque su tratamiento científico, medición y comparación, sea muy difícil. Además, la categoría de poder puede ser también entendida como símbolo y como realidad material donde lo relevante son los efectos que produce, pues transforma las actitudes y preferencias del subordinado o hacen inútil su oposición.

poliarquía Concepto usado por Hegel, ya que su etimología –gobierno de muchos– lo hacía apropiado para denominar la situación política de la sociedad europea en el período que comprende los siglos XII a XV aproximadamente. El progresivo pluralismo de poderes autónomos, sociales y territoriales, que habían sustituido la organización del Imperio romano, dio lugar a la consiguiente proliferación normativa y jurisdiccional. Las relaciones de obligación política entre gobernantes y gobernados pasaron a tratarse como si de relaciones económicas privadas se tratara, llegándose incluso a la patrimo-

nialización de los cargos públicos. La heterogeneidad y la diversificación políticas resultantes, plasmadas también en la cima del sistema continental por la tensión entre papa y emperador, permitió un intenso dinamismo social. La economía experimentó transformaciones substanciales que posibilitaron la coexistencia, junto a los estamentos medievales, de grupos sociales constituidos en atención a la riqueza. Fue la burguesía comercial la clase emergente más importante que, a largo plazo, hizo cambiar el Antiguo Régimen y fundar los cimientos de los modernos sistemas liberales.

Por tanto, el concepto de poliarquía, en su formulación original, se refiere a un contexto transnacional y a un modelo político determinado: el del feudalismo. Sin embargo, Dahl retomó el término para referirse a la estructura interna del poder en las democracias* actuales. En ellas, aunque no es posible hablar de gobierno directo del pueblo en su sentido clásico, sí que existe cierto pluralismo* en el ejercicio del poder que evita tanto el elitismo como la tiranía de la mayoría. Pese a las deficiencias de estos regímenes, la multitud de intereses que concurre a la toma de decisiones (gracias al mecanismo de la representación universal, la libre elección periódica de los gobiernos, los derechos fundamentales* y la competencia entre grupos de presión) sirve para marcar distancias entre poliarquías y autoritarismos. Con el empleo de esta denominación se evita, además, desviar el debate científico hacia una discusión normativa sobre la naturaleza realmente democrática o no de lo que toda la comunidad científica sí puede convenir en llamar poliarquías.

policy *véase* políticas públicas.

policy-networks (redes centradas en políticas sectoriales). Concepto que designa las interacciones entre instituciones públicas y actores privados que, al compartir un interés común sobre una materia, moldean el proceso de elaboración de la política pública* correspondiente. Se denomina así, además, a la perspectiva analítica que estudia estas redes, o *policy-networks,* presumiendo cierta fragmentación de los poderes públicos y la potencial alianza de algunos de éstos –departamentos ministeriales, comisiones parlamentarias, gobiernos regionales– con grupos de interés*.
Es un punto de vista vinculado al enfoque institucionalista aunque no presume, a diferencia de gran parte de esta corriente, la autonomía y cohesión del Estado. Al contrario, diluye las fronteras jerárquicas entre éste y la sociedad aunque, al mismo tiempo, se adscribe a la corriente teórica pluralista* y no a la corporativa* (tradicional marco politológico para investigar las conexiones entre grupos de presión y decisores públicos).

politeia *véase* polity.

política Como sustantivo sirve para denominar genéricamente la actividad desarrollada por el hombre de forma interesada, con una justificación ideológica, y fijando el horizonte final en la consecución de unos determinados objetivos globalmente válidos para toda la colectividad. Hay, no obstante, muy diversas aproximaciones al concepto que demuestran la riqueza del mismo.
Frecuentemente se ha vinculado la política a la idea de conflicto. Son famosas las fatalistas definiciones de Carl Schmitt como juego o dialéctica amigo-enemigo que tiene en la guerra su máxima expresión; o de Maurice Duverger, como lucha, combate entre individuos y grupos para conquistar el poder que los vencedores utilizan en provecho suyo y en perjuicio de los vencidos. Desde este punto de vista, el oportuno uso de argucias que permitan el mejor resultado posible en ese enfrentamiento, distinguiría al ser político del que no lo es.
Una perspectiva opuesta contempla la política en un sentido ético, como una disposición a obrar en sociedad influyendo o utilizando el poder público organizado para lograr el bien común. Es esta segunda acepción la que lleva a usar el concepto como adjetivo o adverbio *(políticamente correcto)* para calificar las actitudes que tienen presente elementos tales como la dignidad de las personas o los derechos y libertades de los grupos sociales. Ahora bien, la política como calificativo también se usa de

manera cotidiana para designar, con una connotación menos noble, al colectivo de individuos que ocupan y ejercen puestos políticos durante una franja de tiempo muy dilatada. Así, la clase política adquiere unas peculiaridades propias de grupo cohesionado que genera comportamientos tendentes a su autoperpetuación.

Lo cierto es que alcanzar un consenso para la definición de un término tan común y sujeto a muy distintas interpretaciones no resulta tarea sencilla. Aunque el problema se agrava cuando el objeto en cuestión se aborda desde un punto de vista filosófico normativo, el camino hacia un análisis científico empirista ha obligado a cierta depuración del ampliamente estirado concepto. Un primer avance llevó a designar como política al arte y ciencia del gobierno, o al estudio de cómo emplea el Estado sus recursos para tomar decisiones públicas. Sin embargo, esta concepción (cercana a la que en inglés se denominaría *policy*) fue más adelante superada por aludir, más que a la política, a lo que podría llamarse resultado de la misma.

Y es que, aunque se esté lejos de un acuerdo para el uso convencional del término, los politólogos tienden hoy a restringir la denominación para referirse a la interacción entre los diversos actores sociales que, por tener intereses enfrentados, luchan para acceder o influir sobre el poder público. Éste, a través del consenso cooperativo o la imposición, produce y modifica las normas que regulan la convivencia con intención de resolver los conflictos. En definitiva, la política así entendida (como traducción del término inglés *politics*) designaría los juegos y relaciones de poder, con especial atención a las deliberaciones y desacuerdos que anteceden a la toma de decisiones.

política comparada Importante subdisciplina politológica que recibe su nombre por la pretensión de utilizar el método comparativo como estrategia de investigación. De hecho, todo el desarrollo empírico de la ciencia política, e incluso gran parte de su legado teórico especulativo como demuestra la obra de Aristóteles sobre las constituciones griegas, se basa en la observación sistemática y ordenada, más o menos explícita, de las semejanzas, relaciones y diferencias entre dos o más fenómenos políticos. En este sentido, frente a los estudios etnocéntricos o las descripciones históricas, que acuden a explicaciones justificadas en las particularidades del caso concreto (generalmente el propio), los comparativistas incluyen un universo más amplio a investigar y pretenden, sobre él, generar teorías que se apliquen como leyes generales.

Sin embargo, por política comparada en sentido estricto debe entenderse algo distinto de la simple aplicación del método científico a los estudios políticos. En efecto, se trata de cotejar conscientemente dos o más entidades macrosociales (sistemas políticos o subsistemas, áreas geográficas o culturales, organizaciones) o dos momentos temporales de una misma entidad, para examinar las características que son o no comunes e indagar sobre el origen de éstas. Por tal motivo requiere el uso de conceptos medibles y aplicables a más de un país o cultura.

Normalmente la política comparada va acompañada del método comparativo, que se constituye en un método de control particularmente útil en ciencias sociales al ser difícil acudir en éstas a la experimentación directa. Este método de control de las hipótesis confronta fenómenos políticos distintos en un tiempo igual. No obstante, es posible que este método se aplique en investigaciones que no contrastan como, por ejemplo, hizo Tocqueville al realizar su clásico estudio de caso único sobre la democracia norteamericana utilizando metodología analítica con conceptos y conclusiones universalmente aplicables. Al contrario, también es frecuente que una exposición pretendidamente comparada no sea más que descripción paralela de los sistemas de gobierno en algunos países sin análisis de variables, regularidades, ni pretensión de generar teoría.

política exterior Actividad estatal cuyos efectos se despliegan más allá de las propias fronteras con el objeto de que, en las relaciones internacionales* entre las distintas potencias, se defienda el interés nacional.

Según Hobbes, debe distinguirse la política exterior de la interna, pero hoy la interdependencia varía la naturaleza de los problemas de forma que ya todos son susceptibles de afectar tanto a los asuntos internos de un Estado como a sus relaciones exteriores. Lo interno y lo externo no son compartimentos estancos sino que emanan de las mismas instituciones estatales y están en interacción permanente.

No obstante, la política exterior sigue presentando características constantes que la hacen relativamente inmune a los cambios gubernamentales habidos en el seno del Estado. Así, se pueden apuntar algunos rasgos en su elaboración como el secretismo y la censura, con la consiguiente reducción del control democrático; la complejidad, que favorece la gestión especializada de los diplomáticos profesionales; y, como corolario de lo anterior, la mayor estabilidad y la menor politización que contrastan con la politizada, variable, generalista y democrática dimensión interna.

Los factores que afectan a la dirección de los asuntos exteriores de un país son físicos (situación geográfica y recursos), demográficos, estructurales (economía, sociedad y tipo de régimen), culturales (religión, lengua, etnia), ideológicos e, incluso, influye la personalidad de algunos líderes políticos. También existen condicionantes externos como son los otros estados y las reglas del juego propias y exclusivas del ámbito internacional.

Para imprimir coherencia en la política exterior, los países organizan su modelo de actuación internacional de forma centralizada y coordinada. Se pretende conseguir así, incluso en los estados federales, la unidad de actuación exterior. Esta organización se expresa en los estados por órganos políticos, como el jefe de Estado* (simbólico y representativo), el primer ministro, el ministro de asuntos exteriores y los parlamentos centrales que controlan el proceso. En cuanto al servicio administrativo, existe una complicada red exterior que se plasma en misiones diplomáticas, oficinas consulares y representaciones permanentes ante organizaciones internacionales.

políticas públicas Se denomina así en español, al no existir un término específico como el inglés *policy*, a los programas sectoriales y a las acciones concretas que emanan de las instituciones de gobierno como resultado de la interacción política. Las políticas públicas se elaboran mediante un proceso que se inicia con la *agenda-setting**, por la que se admite que determinadas cuestiones deben ser discutidas por los poderes públicos. Éstos formulan una decisión sobre la que tratan de influir otros actores políticos, a menudo organizados en redes o *policy-networks**, y dan pie a la implementación* de la misma con el fin de lograr un resultado específico deseado.

Por otro lado, el análisis de estas políticas públicas constituye hoy una rama de la ciencia política*. Tiene su origen en los estudios casuísticos norteamericanos que trataban de aplicar, a menudo con finalidad gerencial, el esquema de la teoría de sistemas* a sectores concretos. Junto a estas desagregaciones del proceso de elaboración de las políticas, y su correspondiente evaluación para mejorar el funcionamiento administrativo, el enfoque ha pasado al mundo académico politológico y hoy es uno de los marcos analíticos dominantes. Su éxito se basa en que es útil para, sobre una base empírica, avanzar teóricamente y explicar cuestiones como la conversión efectiva de las demandas sociales en asuntos políticos o la intervención de la burocracia durante el proceso de aplicación de una decisión política.

El análisis de políticas públicas tiene pocos conceptos propios pero puede ser útil, en un marco comparado, para establecer qué variables (tipo de régimen, modernización y crecimiento económico, ideología de los partidos, grado de corporativismo, factores internacionales...) determinan los resultados de la gobernación. Además, aplicado a la toma de decisiones sirve para ordenar y codificar conductas gubernamentales a la hora de afrontar los problemas. Así, dependiendo del planteamiento temporal que se dé a una cuestión, podemos hablar de una aproximación anticipativa o reactiva. También podemos clasificar el grado de novedad o de incrementalismo con que se plantea una política y considerar si ha sido impuesta por la autoridad pública o consensuada con los intereses particulares intervinientes. Agrupando distintos estudios concretos en un país determinado, puede hablarse de estilo nacional de decisión, aunque éste varía indefectiblemente según el sector y la fase del proceso.

politics *véase* política.

polity Término inglés derivado del concepto *politeia*, empleado por Aristóteles para designar a la forma virtuosa de gobierno en la que las masas gobiernan en beneficio de todos. En este sentido se asemeja a la idea contemporánea de democracia*, aunque el filósofo griego reservó esta última etiqueta a la forma corrompida, o demagógica, de tiranía de la mayoría. Actualmente, con *polity* se pretende designar la organización y el funcionamiento sujeto a reglas de las instituciones políticas y administrativas. No existe una traducción ajustada al español y la referencia más parecida es la que puede hacerse al conjunto de los poderes públicos o, más en general, a la esfera formal donde se ejerce la actividad política, o *politics**.

populismo Movimiento político heterogéneo caracterizado por su aversión a las élites económicas e intelectuales, por la denuncia de la corrupción política* que supuestamente afecta al resto de actores políticos y por su constante apelación al pueblo, entendido como un amplio sector interclasista al que castiga el Estado. Bajo esta denominación pueden aparecer englobadas diversas ideologías políticas de carácter normalmente autoritario pues, al reclamar para sí la encarnación de los deseos mayoritarios, rechazan la necesidad de más intermediarios y deslegitiman por obstaculizador el pluralismo que representa el resto de la oposición.

Su aparición se liga a rápidos procesos de modernización que generan distinto grado de desarrollo entre diferentes núcleos, normalmente zonas urbanas frente a las rurales más atrasadas. Aunque una de sus más famosas manifestaciones, el *peronismo* argentino, tuvo un carácter industrial y urbano, es más usual que arraigue en el medio agrario, tal y como sucedió en el sur de Estados Unidos durante la génesis del Partido Demócrata. El populismo puede generar tanto reacciones conservadoras como, lo que es propio de numerosos movimientos nacionalistas del Tercer Mundo, desarrollismos transformadores. Existe incluso una derivación marxista del populismo, según la cual se sustituye la contradicción clasista por la dialéctica entre bloques de dominadores y dominados. También se usa el concepto peyorativamente para denominar un determinado estilo o un tipo de acción que apela directamente a los miedos y aspiraciones instintivas de las masas, en general, y de los agricultores o pequeños burgueses, en particular.

Los políticos populistas, que suelen apoyarse en el nacionalismo y un personalismo carismático, utilizan un discurso ambiguo o demagógico* y, si las circunstancias institucionales lo permiten, tratan de legitimarse a través de métodos de consulta plebiscitaria*.

presidencialismo Caracterización del sistema político donde, a diferencia del modelo parlamentario*, el jefe del Estado* es además jefe de gobierno. En estos casos, el poder ejecutivo no es políticamente responsable ante ninguna autoridad externa de la que derive su legitimidad y, al ser la presidencia un órgano de naturaleza no colegiada, se facilita la toma de decisiones. Por estos motivos el presidencialismo es propio de los regímenes autoritarios que pretenden subrayar la organización jerárquica del poder. No obstante, las democracias no europeas adoptan también formas presidencialistas donde la elección de las cámaras legislativas se distingue de otra expresión de la voluntad popular para designar a la persona del presidente.

A éste se le reservan amplias competencias en la dirección de la administración civil, las relaciones internacionales y el mando supremo de las fuerzas armadas, mientras que, en relación con el parlamento, goza de un veto suspensivo que provoca retrasos, modificaciones y hasta la imposibilidad de aprobar proyectos de ley a los que se opone el presidente. Este sistema es el adoptado

en la constitución bicentenaria de Estados Unidos y, por el éxito en dicho país, se ha señalado tradicionalmente como el más capaz para afirmar la autoridad y preservar simultáneamente los controles y equilibrios *(checks and balances)* propios de la división de poderes*. Sin embargo, para Linz y Stepan, una muestra más amplia de la experiencia presidencialista comparada prueba la propensión a que se produzcan parálisis y crisis irresolubles entre el gobierno y el potencialmente divergente parlamento. Además, al ser ambos órganos igualmente legítimos, no existe la posibilidad última de que se provoque la sustitución del primero o la disolución del segundo antes del fin de su respectivo mandato.

En los sistemas donde no existe esa mutua autonomía el control parlamentario es más eficaz, la dirección del gobierno se encomienda a un primer ministro* y la jefatura del Estado se entrega a una figura con atribuciones simbólicas, pese a que reciba rotundos nombres como rey o presidente de la república. No obstante, es posible que en un sistema parlamentario, dadas las circunstancias institucionales que favorecen la afirmación de la mayoría*, el gobierno adopte pautas propias del presidencialismo. Esta posibilidad se hace real cuando el primer ministro ejerce un liderazgo efectivo sobre el partido o partidos que le sustentan y consigue que el electorado le perciba como una derivación directa de sus preferencias sin mediación de sus representantes. En estos casos se llega a controlar la vida parlamentaria desde la jefatura del gobierno y, si bien se evita la rigidez anteriormente mencionada que es propia del presidencialismo puro, tal concentración de poderes provoca un debilitamiento de la *accountability** democrática.

Existe también un modelo institucional mixto donde, junto al primer ministro designado por el parlamento, convive un jefe de Estado surgido de otro proceso electoral y que, además de amplios poderes ejecutivos, dispone de la posibilidad de disolver las cámaras. Este semipresidencialismo, que suele ejemplificarse con el caso francés, provoca relaciones intragubernamentales muy distintas, dependiendo de la identificación o la divergencia de adscripción política entre ambas figuras. En el primer caso se afirma el papel del presidente, mientras que el primer ministro se limita a ejercer como su colaborador privilegiado que se concentra en las tareas rutinarias, y en el segundo se asiste a tensos períodos de cohabitación. Dependiendo del contexto político y la personalidad de los líderes implicados, esta situación puede provocar una concentración del presidente en sus fuciones simbólicas, un reparto de la dirección del gobierno con el primer ministro para que cada uno gestione el respectivo dominio reservado o, finalmente, la destitución de este último cuando el presidente convoca elecciones legislativas con la esperanza de que la orientación del nuevo parlamento coincida con la suya.

primer ministro Jefe del poder ejecutivo en los sistemas parlamentarios que, dependiendo de las previsiones constitucionales y las circunstancias políticas (liderazgo personal y respaldo de un partido disciplinado que dispone de mayoría absoluta), puede llegar a ser, como en España, un auténtico presidente del gobierno. Sin embargo, si la estructura y la coyuntura refuerzan el papel de los ministros* (como ocurre en el caso de las coaliciones), el primer ministro puede reducir su papel a coordinar los consejos de ministros y ejercer de mero *primus inter pares*.

Su nombramiento parlamentario directo y su mayor relevancia pública, en los medios de comunicación o las relaciones internacionales, le convierten en la figura más legitimada para representar al gobierno ante la sociedad y la oposición. Los electores no le puedan votar directamente, salvo en Israel, pero perciben al primer ministro como la encarnación del poder y, en numerosas constituciones, la responsabilidad política o la censura parlamentaria del gobierno en su conjunto se concentra en su persona concreta. Además, la tendencia, propia sobre todo de los sistemas mayoritarios*, a hacer coincidir la jefatura del gobierno con la del principal partido ha producido que se concentre aún más el poder ejecutivo en el primer ministro. Este fenómeno, que acentúa incluso los rasgos personalizadores del poder que son propios del presidencialismo*, se realiza a costa del resto de los miembros individuales del gobierno y de su expresión colegiada.

El primer ministro convive con un jefe de Estado* que, aunque normalmente tiene carácter simbólico, puede suponer un obstáculo a la afirmación de un gobierno excesivamente monocrático. En todo caso, y aunque puede encontrarse con otros contrapesos institucionales y políticos como las regiones con autonomía, los tribunales constitucionales o los sindicatos, la auténtica clave de su poder radica en la capacidad para definir las líneas generales de la política y controlar efectivamente la propia vida del gobierno (a través de la posibilidad de disolver personalmente el parlamento o nombrar y destituir a voluntad a sus ministros).

Con independencia de que el primer ministro siempre debe respetar cierta autonomía ministerial, lo cierto es que la necesidad de conocer todos los aspectos políticos, para arbitrar en caso de desacuerdo interdepartamental, ha provocado la creación de poderosos aparatos de apoyo y asesoramiento que, de nuevo, refuerzan esta presidencialización del parlamentarismo.

programa político Conjunto de principios de carácter ideológico orientadores de las futuras acciones políticas de un individuo, un partido, una coalición, un sindicato o un gobierno. Pueden distinguirse programas máximos y mínimos en función del detalle ofrecido y, aunque existen grandes guías intemporales sobre cómo conquistar y usar el poder (por ejemplo, el *Manifiesto Comunista*), la plasmación más corriente del mismo es el llamado programa electoral. Éste consiste en un documento que se ofrece al votante y donde se concretan las propuestas que una candidatura pretende materializar si es elegida.

propaganda política Declaraciones o hechos que los líderes políticos instrumentalizan con el objetivo de modificar la conducta de las personas. Limitándose aparentemente a dar a conocer información, la finalidad real de la propaganda es convencer e influir durante el proceso político sin acudir al empleo de la fuerza. La propaganda política va siempre unida a un contenido doctrinal o programático. Sin embargo, recurre asiduamente en sus campañas a la manipulación y se adapta argumentalmente a los diferentes sectores de la población.

Debe su nombre al proselitismo religioso vaticano, institucionalizado con el nombre de *Propaganda Fidei Comissio* bajo el papado de Gregorio XIII durante el siglo xvi. Políticamente es célebre su adopción en el lenguaje leninista para designar a uno de los tres grados de la polémica ideológica, junto con el trabajo teórico y la agitación*. Esta aplicación a la política, que no es exclusiva de los regímenes totalitarios, se debe a la constatación de que los hombres no se movilizan por un simple cálculo de interés, ni prestan obediencia porque se les conmina a hacerlo. Es necesario que se les anime a hacerlo a través de ilusionantes doctrinas y proyectos que hay que propagar.

provincia Ente territorial de segunda importancia que puede configurarse a partir de una agrupación de municipios* o como parte de la división administrativa en que se organiza el Estado o la región. Esta especie de naturaleza bifronte se refleja en la doble función que potencialmente desempeña la provincia, al servir tanto de ámbito local autónomo con tareas supramunicipales, como de espacio en donde se cumplen actividades que son propias de niveles superiores de gobierno.

La acepción de provincia como plataforma organizativa periférica es la más clásica, tal y como se desprende de su etimología, que implica la idea de territorio vencido por el centro. Es, pues, una institución de tradición centralista en la que, con independencia de la tendencia ideológica mayoritaria en la provincia en cuestión, se sitúa un comisionado políticamente afín a la autoridad estatal. Éste, gobernador o prefecto, debe supervisar la correcta gestión en ese territorio de las agencias administrativas dependientes del centro. Además, la provincia como delegación no es sólo funcional para el poder ejecutivo sino que también suele servir para organizar sobre ella la planta judicial y las circunscripciones electorales.

En contraste, la provincia como actor político autónomo puede contar con sus propias instituciones de autogobierno, diputaciones en el caso español, y disfrutar así de representatividad democrática relativamente directa. En esta dimensión no departamental, lo que se pretende es defender y gestionar los intereses propios del espacio territorial que encarna. La existencia de éstos, que implica una identidad peculiar, no suele ser habitual dada la artificialidad con que, a menudo, se ha diseñado la división provincial. Además, allí donde existe descentralización política territorial, las regiones autónomas son hostiles hacia ellas porque ambas entidades compiten por personificar el mismo interés político: el del nivel de gobierno infraestatal pero supramunicipal. En esos casos, la razón de ser de las provincias puede limitarse a la de provisión subsidiaria de servicios locales allí donde los ayuntamientos no son capaces de mantenerlos.

R

rational choice (elección racional). Enfoque teórico que aspira a interpretar toda la ciencia política desde unos presupuestos relativamente novedosos que se derivan de la microeconomía. El postulado básico de la teoría de la elección racional, por lo que respecta al comportamiento político, es que el ciudadano opera como un maximizador de utilidad (tanto en dinero como en poder) que se comporta de forma similar a un agente económico. Así, mercado y sistema político pueden equipararse y si el círculo capitalista de la economía cuenta con empresas, productos y consumidores de los mismos, el proceso de elaboración de políticas es el resultado de la concurrencia de actores gubernamentales, grupos de interés y electores de conducta racional.

La también llamada *teoría política formal* nació en los años cincuenta y entronca con la teoría de sistemas* y otras interpretaciones racionalistas-utilitaristas. Los métodos utilizados para estudiar el comportamiento de los actores son modelos matemáticos construidos a partir de las respectivas preferencias. Aplicando la teoría de juegos* se pretende rechazar las posibles críticas de falta de sistematicidad, aunque resulta más difícil justificar la sobredimensionada convicción de que el individuo se comporta, en política, de forma racional, egoísta y congruente. Frente a esa asunción, los detractores del *rational choice* consideran que los actores políticos no disponen de información completa sobre su situación y que el contexto social condiciona los impulsos políticos hasta hacerlos frecuentemente irresponsables, altruistas y cambiantes.

Pese a sus posibles limitaciones, la teoría de la elección racional tiene un gran potencial y es crecientemente aplicada a distintos aspectos de la política. Con ella se ha explicado la dominación de las élites, la lógica de la acción colectiva* de los grupos de interés e, incluso, la competición electoral entre partidos que, según Downs, son meras empresas cuyo fin es conquistar el poder. Sin embargo, donde más aceptación ha tenido el enfoque es en el análisis de la elección pública* y los consiguientes fallos del gobierno. En este último terreno, las conclusiones del análisis han solido ser prescriptivas y conducentes a una crítica del intervencionismo estatal. Algunos de sus máximos exponentes, como Niskanen, han desarrollado modelos que, por ejemplo, ofrecen una imagen económica de los burócratas como promotores, en su propio beneficio, de un gran aparato administrativo que es ineficiente y costoso.

De hecho, en su origen y aún hoy en la mayor parte de los autores adscritos a la corriente, predomina una orientación neoliberal. No obstante, en la actualidad, cada vez la cultivan más autores que, con independencia de su ideología, se sienten atraídos tanto por su potencialidad analítica y empírica como por la capacidad de predicción que conlleva.

referéndum Instrumento político de expresión de la voluntad colectiva por el que el cuerpo electoral, al pronunciar sus preferencias votando unas determinadas opciones alternativas, influye directamente en la toma de una decisión concreta. Es una de las fórmulas más comúnmente utilizadas por las democracias actuales en su intento de completar la lógica de la representación*, sobre la que se basan, con la de la participación* no mediada. Se suele reservar para grandes temas constitucionales y cuestiones trascendentales de tipo moral o de política exterior, y las decisiones resultantes quedan así fuertemente legitimadas.

En caso de contradicción entre los resultados de un referéndum y las preferencias expresadas por la mayoría de los parlamentarios, queda de manifiesto la desconexión entre electorado y representantes, con lo que se produce una crisis política. Por tanto, el constitucionalismo liberal ha desconfiado tradicionalmente de las consultas populares que, además, simplifican las posibilidades de decisión y pueden degenerar en plebiscitos* que, bajo la apariencia de referéndum, se instrumentalizan para la ratificación populista de liderazgos personales. No obstante, en ciertos regímenes representativos como el suizo se acude a esta fórmula con cierta frecuencia.

El referéndum puede clasificarse, según su carácter, en normativo o no (si se trata de aceptar un texto ya articulado u optar sobre un tema aún no decidido); según su finalidad, en aprobatorio o abrogativo; y dependiendo de sus efectos, en consultivo o vinculante. Precisamente este último, que supone que el convocante está obligado a respetar la decisión mayoritaria de los convocados, es el más parecido al proceder *ad referéndum* que está en el origen del concepto. En los casos en que era necesario el refrendo, el acto o decisión de la autoridad sólo adquiría validez si era ratificado por otra autoridad o, en su caso, por el pueblo de Roma.

reformismo Conjunto de corrientes gradualistas que optan por el cambio pacífico y progresivo, sin traumas revolucionarios, de ciertas estructuras políticas o de parte del sistema de producción que las sustentan. Existe reformismo de izquierda (la social-democracia*) y de derecha (la democracia cristiana*).

régimen político Término que surge durante el tránsito institucional que se produce en Europa con el paso del denominado *Ancien Régime* a las nuevas sociedades burguesas. Posteriormente se ha seguido utilizando desde distintas perspectivas para generar diferentes clasificaciones del mismo atendiendo a la forma de gobierno o de Estado en que se materializa dicho régimen político. El concepto convive junto a otros términos parecidos que, como es el caso de sistema político*, vienen a designar la misma realidad si bien con distintas connotaciones ideológicas, dinámicas y teóricas.

Duverger lo define como «la forma que toma en un grupo social dado la distinción entre gobernantes y gobernados». Habiendo perdido importancia la diferenciación ideológica entre regímenes socialistas y liberales, puede considerarse que la principal clasificación que hoy puede hacerse es la institucional, que distingue entre regímenes democráticos y dictatoriales. Entre los primeros, junto a las características formales referentes a la designación y poderes del jefe del Estado, la organización y funciones del parlamento, la distribución territorial del poder o el sistema electoral, son elementos primordiales para caracterizar el régimen político: el sistema de partidos, el grado de participación y la forma de articular a los grupos de presión. Entre las dictaduras se diferencia convencionalmente entre autoritarismos y totalitarismos, pero también se atiende al carácter militar, religioso u oligárquico de las mismas.

regionalismo Concepción ideológica por la que, aun aceptando la existencia de una comunidad política superior cristalizada en la nación*, se pretende la defensa específica de una parte de ésta que se distingue por su homogeneidad en lo físico y cultural. Los propósitos regionalistas más esenciales son la adecuación de la acción estatal a las necesidades locales; un mayor acercamiento de los ciudadanos a la gestión del Estado; la supervivencia y promoción de las costumbres propias; y, en las regiones atrasadas, la consecución de una justa redistribución de la renta nacional que mejore sus condiciones económicas y sociales. Para conseguir estos objetivos, a diferencia de lo postulado por el nacionalismo* periférico, los regionalistas no cuestionan la unidad nacional, pero sí propugnan la descentralización* de forma que se adapte la actividad de los poderes públicos a las condiciones concretas de las distintas zonas.

relaciones intergubernamentales Estudio politológico de las interacciones institucionales, formales o no, que se entablan entre distintos niveles territoriales de gobierno cuyo ámbito de acción afecta a un mismo sistema político estatal. Surge ante la evidencia de que el Estado central ha dejado de ser la única autoridad pública relevante, pues ha de compartir el ejercicio de competencias con otros ámbitos a escala regional o local, y no es suficiente la mera aplicación del derecho o la coordinación jerárquica para la solución de los conflictos y la gestión de la cooperación. La esencia política de la tensión centro-periferia se revela más claramente en estados federales* o descentralizados* donde, además, los entes subestatales autónomos gozan de legitimidad democrática.

Los aspectos donde se centra este tipo de análisis son los sistemas de financiación; las funciones económicas de cada administración; los contenidos de la legislación subestatal con objeto de establecer el margen de innovación y autonomía; la naturaleza, bilateral o multilateral, de los contactos centro-periferia; el peso específico de los actores y grupos de interés que intervienen; la existencia de regionalismos* o nacionalismos* subestatales y la coincidencia-divergencia de color político en los diferentes gobiernos. En el caso de Europa occidental, donde la gestión de competencias se comparte con una instancia supranacional, se ha llegado a hablar de una elaboración de políticas públicas a múltiples niveles, de forma que la decisión y aplicación de programas públicos depende de los recursos dinámicos de cada poder territorial.

relaciones internacionales Área de conocimiento vinculada en su origen y evolución a la ciencia política, con la que comparte conceptos tan fundamentales como el de soberanía, poder o estado. Además, la fuerte interconexión entre el interior de los sistemas políticos nacionales y la vida internacional comienza a reflejarse en perspectivas politológicas que estudian la dimensión exterior de los fenómenos políticos y la repercusión a nivel interno de la dinámica internacional.

El objeto de estudio de esta disciplina, que recibe el mismo nombre, puede definirse como el conjunto de interacciones con repercusión transfronteriza, realizadas según modelos de cooperación o de conflicto, que se producen al contactar dos o más grupos determinados por poderes estatales distintos y que tienen la consideración de actores según la comunidad internacional. Pese a que el Estado* es el actor fundamental y primigenio de las relaciones internacionales, existen otras fuerzas con importancia creciente como son las organizaciones internacionales, las organizaciones no gubernamentales y grupos de presión económicos, políticos o religiosos.

Las relaciones internacionales son esencialmente anárquicas al no existir ningún tipo de autoridad mundial supranacional. Los estados que conforman el sistema son soberanos* y actúan por intereses particulares. Sin embargo, sus políticas exteriores* están afectadas de hecho (por las existencia de grandes potencias que influyen en los mismos o por su situación económica) y de derecho (porque existen pactos internacionales de legitimidad que contienen los principios fundamentales de la convivencia mundial). Por otro lado, las relaciones internacionales operan en marcos institucionalizados como son las mismas organizaciones, los tratados bilaterales y otros mecanismos diplomáticos no permanentes.

En el período histórico posterior a la Segunda Guerra Mundial se ha avanzado en la pacificación de la política mundial, ya que la Carta de Naciones Unidas, que sustenta el actual modelo de legitimidad, limita el uso de la fuerza en las relaciones internacionales a la legítima defensa o al sistema de seguridad colectiva de la propia organización. Pese a que la guerra no ha desaparecido, ya no está aceptada como institución para la solución de controversias y, por otro lado, es cada vez más frecuente la interdependencia, por los intereses económicos compartidos, que hace disminuir los antagonismos.

representación política Modelo de organización de las relaciones políticas que mantienen los gobernantes con los gobernados y por el que se aspira, a través de la convención de que los primeros personifican al resto de la comunidad, a que el ejercicio de las funciones públicas sea considerado legítimo. Pese a que actualmente se vincula con la democracia*, la representación es en principio diferente ya que justifica que el pueblo no se gobierne a sí mismo sino que designe, directa o indirectamente, a la autoridad que ha de tomar las decisiones.

De hecho, el origen se halla en las poco activas asambleas medievales donde los representantes ejercían, en realidad, como meros portavoces de un territorio o estamento social al que se vinculaban por delegación. Incluso el absolutismo, aun liberando al monarca de la necesidad de relacionarse con sus súbditos, aspiraba a que éste encarnase tácitamente la voluntad colectiva del reino. Pero esta idea de representación virtual, que perjudicaba a las ascendentes clases burguesas del siglo XVIII, fue rebatida por las dos primeras constituciones liberales. En primer lugar, los secesionistas de los entonces trece Estados Unidos argumentaron que si los miembros de una comunidad política tenían obligaciones con ella, como pagar impuestos, también deberían poder participar en la designación de los representantes que aprueban las políticas económicas. Por su parte, los revolucionarios franceses desarrollaron la idea de que la nación debía seleccionar a sus dirigentes políticos si bien, en principio, la posibilidad de llegar al parlamento* se reducía a los miembros de una minoría, supuestamente más sabia, que coincidía con la clase propietaria.

Los parlamentarios, al haber sido designados por la soberanía nacional y dedicarse en exclusiva a la elaboración de normas generales y abstractas, no estarían sometidos al mandato imperativo que caracterizaba a sus predecesores feudales o que es propio de la representación jurídica mediante agentes que obedecen instrucciones. Gozarían así de una relación de confianza con el electorado en su conjunto por lo que desarrollarían, con gran margen de maniobra, las funciones legislativas y de control sobre el gobierno. Los ciudadanos sólo participarían en ellas de manera indirecta a través de sus designados, si bien éstos actúan formalmente en nombre de aquéllos. La *libertad de los modernos* contiene por tanto ciertos rasgos, aunque muy imperfectos, que ya anuncian una síntesis con la democracia. Ésta no podría ejercerse por mecanismos directos pero, eso sí, la recreación a pequeña escala de la comunidad política en su conjunto, se realizaría por elecciones* competitivas y periódicas.

La extensión posterior del sufragio puede entenderse como una ampliación simultánea de la democratización y la representatividad que, además, se ve acompañada de un mecanismo adicional de intermediación entre elector y elegido. Este nuevo elemento es el constituido por los partidos políticos*, que resultan imprescindibles para agregar y articular los múltiples intereses que conforman la sociedad de masas. Los partidos, al confeccionar las candidaturas y marcar las directrices que

deben seguir los representantes, modifican la naturaleza del mandato desarrollado por el parlamentario y lo acercan de nuevo al mandato imperativo.

Facilitar la gobernación y hacerla más acorde con las preferencias reales de la mayoría es una de las justificaciones más comunes empleadas para admitir esta articulación partidista de la representación. La misma disculpa es utilizada para instituir sistemas electorales* que favorezcan las opciones más votadas a costa de las minorías. Sin embargo, si se persigue una traducción más exacta de las preferencias electorales en escaños, se opta por la llamada representación proporcional. Siguiendo una lógica diferente, aunque compartiendo el propósito de que en el parlamento exista un reflejo relativamente fiel de la comunidad política, muy distintas corrientes teóricas, que incluyen el comunismo o el feminismo, reclaman una representación sociológica que supere los sesgos y las discriminaciones actuales en favor de determinadas clases sociales o géneros.

república El principio republicano supone la revisión constante de quienes representan y gobiernan a los ciudadanos para conseguir que los que ocupan dichos cargos posean las más altas virtudes morales. Dependiendo del énfasis que se dé a la efectiva participación del pueblo en la elección o al resultado final de ésta, que debe ser la designación de los más idóneos, el republicanismo puede ser más democrático o aristocrático. La regularización de la responsabilidad política a través de elecciones (e incluso la limitación temporal del ejercicio del poder) hace que, en teoría, la república sea incompatible con los populismos, que priman el consentimiento difuso de la mayoría sobre la selección periódica de los capaces, y las oligarquías, donde la élite gobernante ha dejado de servir a la comunidad y busca perpetuarse en el poder.

Su origen histórico se remonta a las *polis* griegas y, sobre todo, a la Roma preimperial, fundamentada en un Senado encargado de la *res publica*. La *civitas* medieval era también una república aristocrática y, tras la conversión al absolutismo monárquico de la mayor parte de Europa, el concepto sirve para aludir a cualquier régimen basado en el derecho (Bodin) o en un territorio pequeño (Montesquieu) donde es posible la igualdad y la democracia directa (Rousseau). Una acepción más moderna surge en Estados Unidos y la Francia posrevolucionaria cuando se convierten los súbditos en ciudadanos y se instaura la democracia representativa con división de poderes.

Actualmente es común limitar el alcance del término al de forma de gobierno, sin implicar identidad necesaria con la idea de voluntad popular, derechos individuales o civismo democrático. Hoy, cuando se habla de república, la cuestión se limita a la legitimidad que tiene el jefe de Estado* en un determinado régimen político. Así, en contraposición a la monarquía* que, democrática o no, apela a la tradición dinástica, la república no cuenta con líderes para cuya investidura se tengan en cuenta elementos míticos. Ahora bien, la elección puede atender a la racionalidad, democrática o no, pero también al carisma e, incluso, hay repúblicas desvirtuadas que han llegado a incumplir la exigencia básica de rechazar autoridades políticas hereditarias o vitalicias.

rotten boroughs (burgos podridos). Denominación que recibieron durante el siglo XIX las circunscripciones electorales anacrónicas que, sobrerrepresentando en el parlamento británico a distritos de tendencia conservadora, dejaban fuera del mismo a las zonas industriales, que concentraban mucha mayor población y el potencial voto progresista.

S

semipresidencialismo *véase* presidencialismo.

senado Institución política parlamentaria que tiene sus orígenes en el consejo de ancianos de la antigua Roma y que estaba compuesto por el rey y los *pater familias*. Su clásica orientación hacia el principio aristocrático, más que al de la mayoría popular, se reflejó inicialmente en la Constitución norteamericana, que hasta 1913 mantuvo la elección indirecta de su Senado. Tras la progresiva democratización de los sistemas políticos, el senado existe en los modelos bicamerales* con dos posibles fundamentaciones: la doble lectura legislativa y la cobertura de representación territorial.

Así, por un lado, el senado se ha constituido en muchos sistemas en una segunda cámara, también llamada cámara alta, que junto con la conocida como cámara baja se encarga del perfeccionamiento legislativo, a través de segundas lecturas más reflexivas, de los proyectos o proposiciones de ley que se pretenden aprobar. En algunos de estos lugares, como Italia, el senado conserva su naturaleza etimológica pues, aunque sus miembros no son necesariamente seniles, se exige una edad más avanzada para participar en su composición. El sesgo conservador que ésto puede conllevar queda a veces amortiguado porque la cámara alta tiene un peso final menor que la baja y, a veces, está limitado a una simple capacidad de ralentización del proceso. En caso contrario, los posibles desacuerdos entre los dos órganos parlamentarios han de solventarse por medio de comisiones de conciliación.

La otra gran posibilidad funcional que pueden desempeñar hoy los senados es la de cámara territorial. Esta opción es propia de aquellos estados que, por su específico modelo de distribución territorial, necesitan representar en el centro los intereses de sus componentes parciales. En sistemas federales, como el belga, el senado está compuesto por los miembros de la federación, mientras que son los poderes locales quienes constituyen la cámara en casos más centralizados, como el francés. La importancia de la función territorial hace que, en los casos en que el senado se justifique en ella, exista mayor equilibro potestativo o reparto de materias con la otra cámara. El Senado español es especialmente atípico pues, funcionando en un Estado cuyas regiones cuentan con amplia autonomía, se elige en circunscripciones locales y conoce de todos los asuntos. Esto hace que, si bien teóricamente cuenta con distinto sistema electoral y una vocación territorial, se reproduzcan las mayorías, y consiguientemente los debates, del Congreso de los Diputados.

sindicato Nombre que reciben las organizaciones colectivas de trabajadores que se asocian con el objetivo de conseguir sus reivindicaciones frente al empresario, o para ejercer como grupo de interés* que presiona en el proceso político. Aunque existen sindicatos estrictamente profesionales, que defienden a un determinado gremio, son particularmente importantes los sindicatos obreros, que tienen su origen en el movimiento de lucha contra la miseria económica, la desigualdad social y la opresión político-legal que atenazaban a la clase asalariada durante el desarrollo inicial del capitalismo.

Las primeras asociaciones sindicales, a menudo clandestinas, se crearon en los siglos XVIII y XIX como resultado de las ayudas de carácter espontáneo de los propios trabajadores. Nacían simulando a las antiguas hermandades artesanas que, ya en el siglo XIV, habían reivindicado mayores salarios o menos tiempo de trabajo. Pero lo distintivo de este nuevo sindicalismo de clase, teorizado por Sorel, es que pretendía ponerse al servicio de la emancipación política y social de inspiración socialista*. Para tal fin, los movimientos sindicales de cada país van a optar por distintas vías de acción que oscilan entre la revolución y la huelga general, propias del anarcosindicalismo*, hasta la colaboración con partidos socialdemócratas moderados.

La tendencia a preferir, en el mundo desarrollado, esta segunda vía posibilista ha supuesto que, allí donde gobierna la izquierda (o la democracia cristiana) y los sindicatos son fuertes, aparezcan modelos neocorporativos* de política económica. No es extraño, por tanto, que la ideología comunista haya intentado controlar los sindicatos, de forma que dejen de ser un vehículo que promueve el aburguesamiento de los proletarios, y que la liberal los haya criticado por constituir un grupo de presión que compite con los representantes políticos e interfiere en el juego del mercado. En todo caso, las democracias tienden hoy a considerar la asociación a un sindicato, y el ejercicio de la huelga, como un derecho fundamental que, pese a no ser estrictamente individual, se justifica por la situación relativamente débil de los trabajadores en relación con el empresario.

sistema de partidos Conjunto de interacciones estables que se crean entre los distintos partidos políticos significativos de un ámbito territorial concreto y que da lugar a un modelo determinado de funcionamiento del sistema político en su conjunto. Y es que, dependiendo de las características del sistema de partidos en cuestión, los electores tienen más o menos opciones posibles sobre las que pronunciarse; los gobiernos disfrutan o no de cohesión; e, incluso, las relaciones entre gobierno y parlamento o entre poderes públicos y sociedad siguen una pauta de consenso o de conflicto.

La forma más tradicional de clasificar los sistemas de partidos responde al número de componentes, aunque también se puede atender a su implantación. Así, la cantidad de partidos políticos que cuentan con posibilidades electorales reales sería lo que estructura el sistema y, por tanto, habría que distinguir la dictadura del partido único, el bipartidismo y el multipartidismo.

En los dos últimos tipos de sistema, a su vez, puede diferenciarse entre variedades puras o imperfectas. Mientras el bipartidismo puro se caracteriza por la existencia de dos partidos que tienen un apoyo popular casi similar y que se alternan periódicamente en el gobierno, en el imperfecto existen además pequeños grupos que son necesarios para alcanzar la mayoría y sirven, pues, de eje a la formación y la estabilidad misma de un gobierno. Por su parte, frente al multipartidismo puro donde un gran número de formaciones políticas se reparten los apoyos electorales, el imperfecto es aquél en el que existe

un partido dominante. Éste, si bien no alcanza por sí solo la capacidad de gobernar en solitario, es indispensable en cualquier combinación múltiple, ya que el resto de las fuerzas son incapaces de articular una alternativa en la que se le margine del poder.

Los sistemas de partidos pueden ser la consecuencia de *cleavages** históricos que llevan, en las sociedades plurales, a la emergencia de numerosos partidos de justificación religiosa, periférica o económico-profesional. Pese a que más tarde haya podido tener lugar un proceso de secularización y desradicalización, esas divisiones parecen haberse mantenido, de forma que el pluripartidismo ha quedado *congelado*. Por otra parte, allí donde la sociedad está más cohesionada, nacional y culturalmente, tiende a plasmarse una sola división ideológica que separa la derecha de la izquierda y favorece, pues, el bipartidismo. No obstante, es un factor institucional –el sistema electoral*– el que más directamente influye en la configuración del sistema de partidos. Así, es clásica la asimilación realizada por Maurice Duverger según la cual, las leyes electorales mayoritarias favorecerían el bipartidismo, y las proporcionales, el multipartidismo.

Por otro lado, como ha puesto de manifiesto Sartori, es posible analizar al sistema de partidos sin tener en cuenta el número o la implantación. Por el contrario, habría que atender a la orientación ideológica de los componentes del sistema y, como consecuencia de la misma, a las capacidades que tienen éstos para llegar a gobernar. Así, un partido relativamente pequeño pero moderado y, por tanto, propenso a formar parte de coaliciones, puede tener más influencia efectiva sobre las decisiones políticas que una gran formación política no orientada hacia el centro. Ésta sólo puede aspirar a vencer por mayoría absoluta si quiere gobernar efectivamente ya que, dado el maximalismo de su programa, no consigue construir una alianza mayoritaria en torno a sí y queda condenada a la oposición sistemática.

Con este marco de análisis dinámico de los sistemas de partidos, sin embargo, también pueden ser importantes los pequeños partidos radicales porque, aunque no destacan ni por tamaño ni por capacidad de coaligarse, dificultan que el resto de formaciones se moderen; de hacerlo, corren el peligro de perder los votos más ideologizados en favor de estos pequeños grupos que ocupan los extremos del espectro político. Esta tendencia, conocida como centrífuga o polarizada, se ha atribuido tradicionalmente a los sistemas multipartidistas mientras que, según Downs, en una situación bipartidista la relación es centrípeta porque se compite sobre la pequeña porción de electores intermedios que deciden el resultado final.

No obstante, en determinadas circunstancias donde las escisiones ideológicas son múltiples, el multipartidismo no significa polarización del proceso político sino, más bien al contrario, obligación de las múltiples élites partidistas de consensuar las decisiones. Esta pauta es la propia de los sistemas consociacionales* donde, si se quiere preservar la paz social dentro de un contexto muy heterogéneo, no hay más remedio que concertar los programas y formar grandes coaliciones. Por tanto, hay que relativizar la conclusión apresurada que otorga a los multipartidismos una gobernación inestable y a los bipartidismos una mayor propensión a mantener el equilibrio político.

sistema electoral Conjunto de reglas y prácticas que configuran los procesos electorales transformando votos* en puestos institucionales. Dependiendo de que el objetivo prioritario perseguido sea la representación* fiel de las preferencias de los electores o la facilitación del gobierno, suele distinguirse entre sistemas proporcionales y mayoritarios. Los segundos se caracterizan porque en ellos se sobrevaloran las opciones preferidas por la mayoría*, aunque sólo sea relativa, con el fin de evitar inestables situaciones de gobierno en caso de que no pueda formarse una coalición. Estos sistemas perjudican a las minorías, en especial a las no concentradas territorialmente, pero se aduce que la pérdida de pluralismo político se compensa por la mejor identificación que hace el ciudadano de la conexión entre su voto y las políticas promovidas por el ejecutivo vencedor. Además, en regímenes parlamentarios, al precio de disminuir el protagonismo de las asambleas legislativas, los sistemas mayoritarios aseguran mejor la armonía entre los poderes. Se plasma en variadas manifestaciones que oscilan entre el británico *first past the post* (en el que sólo se tienen en cuenta los apoyos del más votado en cada distrito) hasta las modalidades australiana –de voto alternativo– o francesa –a doble vuelta–, donde, junto a una preferencia sincera, el elector puede pronunciar una segunda opción táctica en caso de que la primera no alcance un determinado umbral.

Los sistemas mayoritarios se apoyan normalmente en circunscripciones uninominales, donde se elige un único representante, pero también es posible, como ocurre en la selección de los compromisarios que designan al presidente nortamericano, que tales distritos sean plurinominales. La consiguiente exageración de los efectos mayoritarios que esto conlleva suele corregirse, como se hace en las elecciones al Senado español, limitando las candidaturas que cada ciudadano puede votar a un número menor de los puestos en liza. Si la limitación es tal que, como en Irlanda, sólo es posible optar por una candidatura, se permite la transferencia de votos en caso de que el preferido no obtenga el escaño.

Los sistemas proporcionales, por su parte, pretenden que la voluntad de los electores se traduzca más fielmente aunque, al ir vinculada a una relación de nombres presentada por los partidos, los votantes pierdan efectivo control sobre sus candidatos (si bien, en los casos en que las listas no están cerradas y bloqueadas, es posible alterar el orden de las mismas o ejercer el *panachage*, confeccionando una mezcla). En estos casos, al ser más fácil que las candidaturas tengan éxito, se posibilita la presentación de opciones extremistas aunque por otro lado, al promoverse la participación, se evita que surjan actitudes cínicas hacia la democracia. Incluso su más señalado defecto, la propensión a fragmentar la representación y a fortalecer los parlamentos a costa de la gobernación, puede actuar como virtuoso incentivo para la cooperación interpartidista. De hecho, allí donde el extremado pluralismo cultural y social impide que las élites políticas puedan formar gobiernos no apoyados por una amplia base, existen prácticas consociacionales que hacen ineludible la elección proporcional y, por consiguiente, la formación de coaliciones.

En todo caso, debe señalarse que existen múltiples combinaciones de ambos tipos de sistema. Así, por ejemplo, en el caso alemán la mitad de los escaños se elige en distritos uninominales y, al mismo tiempo, existen listas nacionales cuyos miembros, dependiendo de la votación global, se van adicionando a los individualmente elegidos hasta conseguir una distribución proporcional entre los partidos. También es posible que sistemas en principio proporcionales, como el empleado para elegir el Congreso español, produzcan representación mayoritaria si las circunscripciones en que se divide el territorio son muy pequeñas, existen barreras legales mínimas que penalizan a los pequeños partidos, o las fórmulas matemáticas de conversión en puestos institucionales (como las conocidas D'Hondt y, sobre todo, Sainte-Lagüe) determinan que los restos de los votos emitidos favorezcan a las listas más apoyadas. De hecho, existen múltiples prácticas, algunas claramente fraudulentas como los *rotten boroughs** o el *gerrymandering**, donde los sistemas electorales se manipulan para favorecer una designación concreta.

sistema político Término usualmente utilizado para designar la plasmación organizativa del conjunto de interacciones estables a través de las que se ejerce la política en un contexto limitado. Es un concepto similar al de régimen político*, por cuanto alude a la estructura y al funcionamiento de los poderes públicos, pero con una connotación más dinámica y compleja. La noción de sistema no se refiere aisladamente a las instituciones de gobierno o al resto de actores políticos que inciden sobre ellas, sino a la interdependencia del conjunto a partir de la idea de proceso político. Una vez acuñado, el concepto fue rápidamente aceptado como un práctico instrumento para el estudio politológico, ya que puede aplicarse no sólo a los estados sino también a cualquier organización política como organizaciones internacionales, entes locales o comunidades tribales. Sin embargo, hoy se observa un relativo desuso del mismo al considerarlo vinculado a la teoría funcionalista, dominante en los años sesenta, que actualmente ha perdido vigor como paradigma científico social.

La teoría general de sistemas tiene sus orígenes en la biología y la cibernética, que denominaban así a todo conjunto identificable de partes interrelacionadas, en contacto permanente con el medio en que vive y sometido a impulsos tanto internos como del entorno. Las influencias y las reacciones consecuentes pueden dar lugar a la transformación *del* sistema, e incluso su sustitución total, o a la transformación *en el* sistema, cuando éste actúa sobre los mencionados factores exteriores o interiores. Las modificaciones se orientan hacia la consecución de un grado suficiente de equilibrio entre lo que permanece invariable y lo que cambia. Esta autorregulación del sistema tiene como instrumento fundamental la retroalimentación, que pone en contacto al conjunto con las partes de que se compone a través de las respuestas que éstas, beneficiadas o perjudicadas por una acción, le dan a aquél.

A partir de esta amplia y abstracta concepción del término sistema, y dado que es susceptible de aplicación a todos los campos de conocimiento, la teoría adquirió pretensión de validez universal y fue adoptada por sociólogos y politólogos. Parsons y, sobre todo, David Easton explicaron cómo se elaboraban las políticas públicas a partir de un modelo similar de reacción dinámica, aunque teniendo en cuenta la importante particularidad del sistema político: está regido por una autoridad. Según estos autores, la acción del sistema sobre el medio en el que está inserto da lugar a información que es percibida, comentada y estudiada por la comunidad a través de los medios de comunicación. Posteriormente, la opinión pública generada desarrolla una actividad de demanda al sistema. Agentes tales como los partidos políticos, los grupos de presión o los movimientos sociales actúan como filtros (o *gatekeepers*), ya que articulan, agregan y transmiten esas demandas *(inputs)* a la mencionada autoridad. Ésta se concreta en un complejo aparato de gobierno (considerado una *caja negra*) que, como poder institucionalizado del que se dota la comunidad, está capacitado para formular políticas de respuesta *(outputs)*.

Estas decisiones y políticas gubernamentales pueden aceptar, revisar o repeler las distintas demandas y, según la asignación realizada, satisfacer o no a los diferentes colectivos a los que se dirigen. De ahí la diversidad con que el medio ambiente las acoge y la consiguiente manifestación de satisfacción, insatisfacción, rechazo o simplemente indiferencia. Cada uno de los tipos de reacción que se experimenten dará lugar a mayores o menores grados de adhesión al sistema político. La escala resultante puede graduarse a partir del apoyo manifiesto (participación) y pasar progresivamente por apoyo latente, apatía o abstencionismo y, finalmente, oposición. La dinámica generada retroalimenta el proceso *(feedback),* ya que la respuesta gubernamental a los primeros impulsos provoca otro posicionamiento de los grupos afectados que vuelve a operar a modo de *input* para que el poder produzca nuevos *outputs*.

Las modificaciones que se producen en el seno de los sistemas políticos responden a los factores externos (guerras, invasiones) e internos (mayor o menor rechazo que se produzca en relación con las decisiones de naturaleza política que se generen y que pueden llegar a provocar revoluciones o golpes de Estado). No obstante, el enfoque sistémico aporta al campo de la política el convencimiento de que la naturaleza de los sistemas posibilita la liberación de tensiones, generando el reequilibrio y asegurando la unidad continuada de las partes. Esta conexión del enfoque con el funcionalismo es lo que le ha llevado a recibir críticas no sólo científicas, pues la premisa de que todo sistema tiene una misión que cumplir es muy discutible, sino también ideologizadas, ya que la homeostasis proclamada puede servir para justificar el inmovilismo.

soberanía Categoría central en la teoría clásica del Estado* que supone la existencia de un poder final e ilimitado que rige, en consecuencia, la comunidad política. El principio de soberanía ha sido adaptado a las democracias actuales para que exprese el momento político fundante en el que los ciudadanos, sin ninguna autoridad previa ni superior a ellos, permiten a los poderes públicos que ejerzan como tales.

Sus primeros teorizadores, Bodin y Hobbes, la definieron como la *suprema potestas*, «el poder absoluto y perpetuo de una república» que se manifiesta en la función de promulgar leyes, de anular costumbres, de declarar la guerra y de negociar la paz. Para Hobbes, la soberanía nace a partir de un pacto ficticio por el que el poder de la sociedad, inicialmente en manos de los individuos, se enajena en favor del Leviathan (Estado) que queda personificado en un soberano que legisla, juzga, nombra funcionarios, recompensa y castiga. Para Rousseau, también dentro de las teorías pactistas aunque sin intención justificadora del absolutismo*, la soberanía se equipara a la suma de las voluntades individuales. Es esta nueva concepción la que permite un artificio filosófico político por el que el principio legitimador del Antiguo Régimen desaparece y se reconoce la soberanía en manos de los integrantes de la nación. No obstante, ésta se entiende de forma abstracta y expresa su voluntad por medio de un cuerpo electoral restringido a las clases burguesas.

El desarrollo del liberalismo hizo plantear pronto la limitación de la soberanía nacional a los propietarios. Éstos se opusieron a la extensión del número de sus depositarios alegando que así se pervertiría la idea de representación conjunta de los sentimientos e intereses colectivos de un país, incluyendo las generaciones pasadas y futuras, que no exigía la participación efectiva de todos los habitantes en cualquier momento determinado. Las corrientes democratizadoras del siglo xix reclamaron sin embargo el sufragio universal y la nueva definición de soberanía resultante pasó a considerar como fuente y origen de todo poder estatal a la generalidad del pueblo y no a una selección específica de éste. Así, en las democracias contemporáneas, el hecho de que la soberanía sea popular otorga al Estado la legitimidad sobre la que basa su actuación.

Pero el principio no sirve sólo para regir internamente la comunidad, sino que tiene una proyección frente al exterior que en el pasado se expresaba a través de la guerra o la paz y hoy se plasma, sobre todo, en la prohibición de injerencias extranjeras en los asuntos propios. La soberanía es entonces un concepto jurídico político propio de las relaciones internacionales y supone la independencia del Estado como único sujeto con poder de decisión autónoma en el ámbito de sus competencias. El conjunto de estados soberanos guardan así relaciones recíprocas de igualdad formal en un contexto anárquico, al no existir autoridades supranacionales. De hecho, la única regulación globalmente aceptada de la política internacional es precisamente la soberanía, lo que hace que ninguna obligación se pueda imputar a un Estado sin su previo consentimiento. No obstante, la soberanía como principio integrador determinante y elemento nuclear del ordenamiento internacional queda matizada por la existencia de organizaciones internacionales que adquieren el ejercicio de ciertas competencias. Aunque también en esos casos el Estado suele controlar el proceso de toma de decisiones (gracias a la unanimidad, el consenso o el derecho de veto) y previamente ha permitido que la gestión se atribuya a este actor, lo cierto es que su existencia limita la libertad absoluta estatal.

Más aún, la existencia de un núcleo de *ius cogens* imperativo e inderogable contrasta con el principio general de que las normas internacionales deben estar voluntariamente consentidas. Foros como la ONU podrían convertirse en autoridades externas que produzcan normas de aceptación obligatoria, aun sin el consentimiento estatal, pero este desarrollo del llamado derecho de injerencia está aún muy condicionado. Sólo las organizaciones que pretenden la integración supranacional en ciertos ámbitos, como la Unión Europea, representan un ejemplo relativamente ambicioso de desafío a la idea de soberanía en su acepción clásica. Claro que, con independencia de las proclamaciones jurídicas, las relaciones políticas internacionales sí que demuestran con toda su crudeza las verdaderas limitaciones de la soberanía. Las diferencias de capacidad económica y militar, la interdependencia comercial o el acceso privilegiado de ciertas potencias a los recursos naturales son fenómenos que muestran la ficción ideológica de la idea.

socialdemocracia Título adoptado por los primeros partidos socialistas* en Rusia o Alemania, aunque la moderación ideológica paulatina que tiene lugar en el segundo caso ha hecho que el término se identifique con la doctrina política que pretende armonizar la demanda de igualdad social con el respeto a la libertad individual. En consecuencia, la socialdemocracia admite como parte de su programa la defensa de los derechos fundamentales y, aunque propugna un fuerte intervencionismo estatal que corrija injusticias económicas, no pretende abolir el mercado ni la propiedad. Los partidos políticos inspirados por estas ideas no maximalistas son, en muchos casos, los herederos de aquéllos que se mantuvieron en la Segunda Internacional y no secundaron la escisión comunista de 1919.

En principio su marxismo* era más ortodoxo ya que rechazaban, como atajo indeseable, la vía revolucionaria bolchevique o el levantamiento propugnado por los *espartaquistas* de Rosa Luxemburgo. La estrategia estructuralista del programa de Erfurt pasaba por acceder al gobierno a través de los mecanismos electorales propios del sistema institucional liberal para, una vez allí, instaurar la dictadura del proletariado. Al aceptar esta vía para conquistar el poder, la socialdemocracia se abocaba de hecho al revisionismo, rechazado por Kautsky pero alentado por Bernstein y los *fabianos* ingleses. Y es que la imposibilidad de alcanzar la mayoría, en una Europa occidental menos polarizada de lo que Marx había pronosticado, le hizo buscar los votos entre las clases medias y renunciar finalmente a las propuestas radicales.

En la segunda posguerra mundial se adopta definitivamente el gradualismo pragmático, como queda simbolizado con el congreso de Bad Godesberg, donde el partido socialdemócrata alemán marca el camino de la moderación. A partir de ese momento, la política económica defendida es el intervencionismo propuesto por Keynes que, lejos de cualquier atisbo revolucionario, pretendía impulsar la demanda para salvar el frágil sector productivo del mundo capitalista. La exitosa estrategia de crecimiento fiscal, consistente en gasto público financiado por impuestos progresivos o deuda del Estado, permitió no sólo la *socialización del consumo* sino también crear el Estado del bienestar*, que tiene su más avanzada plasmación en el modelo escandinavo. Con estos logros se conseguía la deseada síntesis de libertad de empresa y redistribución dirigida, a la que se aspiraba tanto por imperativo ético como por las ventajas agregadas que reporta la estabilidad.

Desde los años ochenta, sin embargo, la socialdemocracia ha de enfrentarse a nuevos retos. Por un lado, la insostenibilidad de los déficits presupuestarios y de la inflación obligan a replantear las dimensiones de un sector público ineficaz y que ya no es capaz de generar empleo. Por otro, la caída del bloque soviético acelera el triunfo de un nuevo paradigma, dominante en economía y política, orientado al mercado y al individuo. Los socialdemócratas deben entonces adaptarse a la internacionalización de la competitividad, que hace menos efectivos y necesarios los marcos corporativos* de relación entre Estado y sociedad (y de participación de los trabajadores en la gestión empresarial) a los que se había confiado durante el período keynesiano.

Pero en esta situación de aparente pluralismo y globalización, la socialdemocracia parece haber superado el presagiado declive. De hecho, al combinarse el descrédito del igualitarismo autoritario con el vigor de la escisión ideológica socioeconómica, el sector adscrito a la izquierda* parece agruparse en torno a su reformismo. La ideología, que sigue conjugando pragmatismo y promoción de la justicia, no renuncia al crecimiento pero aspira a demostrar que éste es más efectivo si se establecen ciertas prioridades en la producción que promuevan la igualación social. Lejos del debate económico, tal y como apunta el último Rawls, la socialdemocracia actual tiene también dificultades para renovar su igualmente clásica compatibilidad entre liberalismo* y comunitarismo*. Además de la tradicional equiparación de estas dos inspiraciones con, respectivamente, libertad y cooperación solidaria, ha surgido la necesidad de integrar el respeto a las minorías culturales. De este modo, sin embargo, parece quedar desafiado el universalismo, que también es parte de su patrimonio ideológico.

socialismo Corriente de pensamiento dotada de una infinidad de expresiones ideológicas concretas que vienen a coincidir en la búsqueda de la igualdad entre los hombres que, entre ellos, son –o deberían ser– socios y no lobos. Para tal fin, su principal instrumento consiste en la sustitución, más o menos radical, de la libertad individual y la propiedad privada por la comunidad solidaria y la colectivización de los medios de producción.

Aunque a menudo se ha pretendido ejercer el socialismo con la compañía de ingredientes nacionalistas, es una doctrina que, en principio, persigue la unión de todos los obreros del mundo y de ahí que en los últimos dos siglos se haya plasmado en cuatro distintas asociaciones internacionales (siendo la Primera la fundada por Marx y la Cuarta la del trotskismo* revolucionario).

En efecto, el término ha sido usado por el marxismo*, tanto en su expresión teórica como en su plasmación doctrinal, aunque el movimiento político radicalmente igualitario que más se proclama heredero de Marx prefirió adoptar la etiqueta comunista* en torno a la llamada Tercera Internacional. Por el contrario, los partidos socialistas, normalmente más importantes en las democracias occidentales, corresponderían a esa izquierda* clásica (a menudo vinculada al sindicalismo de clase) que no se opone a ciertos aspectos del liberalismo* y del capitalismo*. El gradualismo socialdemócrata* de la Segunda Internacional es el más perfecto ejemplo de adopción de la idea de socialismo, tan ampliamente revisada que acepta ciertas bondades del mercado.

De hecho, el socialismo utópico de Saint-Simon en el siglo XIX, que inspiró el uso moderno del concepto, se caracterizaba más por el ideal de fraternidad que por el de igualdad. Tal énfasis hace que la libertad de cada miembro de la comunidad no desaparezca necesariamente y, de ahí, la clásica definición del movimiento que para Loucks «aspira a conferir a la sociedad como un todo, en vez de a los individuos, la propiedad y la administración de todos los bienes ya sean creados por el hombre o por la naturaleza, con el propósito de que los incrementos resultantes de la renta nacional sean distribuidos de forma más equitativa; sin por ello destruir la motivación económica del individuo, su libertad de empleo o su elección de consumo.»

sociedad civil Término con el que se hace alusión a instituciones sociales tales como los mercados o las asociaciones voluntarias, que ocupan una posición intermedia entre el Estado y la familia. Es decir, sociedad civil sería, en general, la esfera pública que está fuera, de forma plena o mitigada, del control directo por parte del aparato de gobierno. Los teóricos del concepto suelen ligar su desarrollo al progreso económico y democrático de una determinada comunidad política, pero es difícil establecer la relación causal que une ambos fenómenos. Desde una perspectiva liberal*, se subraya la relevancia del florecimiento del capitalismo en un territorio como premisa para que crezca una sociedad civil, vertebrada sobre el respeto a la libertad, que supuestamente garantiza la consolidación democrática. Por su parte, las concepciones comunitaristas* relativizan la importancia del elemento mercantil e individualista y apuntan a la existencia de un régimen político no autoritario o a tradiciones sociales participativas como factores que alientan la aparición de organizaciones voluntarias que elevan la *calidad* de la democracia.

Ambos puntos de vista, en todo caso, coinciden en señalar las ventajas de la autonomía de una sociedad pluralista con respecto al Estado*, y de ahí que pretendan limitar el protagonismo de éste. La respuesta de la teoría del Estado se ha basado en subrayar el carácter intrínsecamente egoísta de la sociedad civil, en palabras de Hegel, o el resultado injusto al que conduce el utilitarismo liberal por pretender, según Kelsen, la felicidad del mayor número posible de individuos renunciando a la felicidad de los individuos menos afortunados, que sólo un Estado fuerte y racionalista podría garantizar. Un análisis histórico comparado muestra, no obstante, que las relaciones entre Estado y sociedad civil no suelen ser de suma cero sino que, dependiendo de la configuración interna del Estado (infraestructural o policial) y su posición en el sistema internacional (proyección comercial o bélica), la interacción puede ser mutuamente positiva o negativa.

sufragio *véase* voto.

T

teocracia Ordenamiento político según el cual, el gobierno es ejercido por individuos que se suponen directamente vinculados en relación privilegiada con Dios. Como ejemplos pueden citarse algunos países islámicos y, en el mundo cristiano, la Ginebra de Calvino o los Estados Pontificios. El argumento de que las verdades reveladas no se pueden cambiar por mayorías democráticas permite que el poder se mantenga bajo el control de ciertas castas sacerdotales.

teoría de juegos Concepto vinculado al enfoque de *rational choice**, que permite el estudio formalizado del funcionamiento de la interacción política al aplicar a ésta presunciones propias de la conducta económica. Con este paralelismo de comportamientos se puede reproducir la realidad usando modelos que, relacionando conceptos básicos, la simplifican. El modelo analiza matemáticamente el proceso de toma de decisiones en un contexto dado y con determinadas reglas del juego. Su utilidad radica en la posibilidad de cuantificar los intereses enfrentados de los distintos actores concurrentes y las con-

secuencias que tiene para ellos la selección de una u otra alternativa estratégica (cooperación o conflicto). La teoría de juegos, pese a llamarse así, es más bien un instrumento para replicar las situaciones políticas de interdependencia, idealizándolas numéricamente. Los juegos de situación asumen que los intervinientes en el proceso se comportan racionalmente, teniendo en cuenta los recursos de los demás, con el objetivo último de maximizar su poder. El resultado de la interacción es el conjunto de decisiones y, estudiando éstas, se pueden establecer las ganancias percibidas por cada jugador individual. Teniendo en cuenta estas características, el método es capaz de adivinar posibles soluciones que deberían coincidir con situaciones de equilibrio donde existe un reparto razonable de ganancias. El desarrollo del juego está influido por la existencia o no de información perfecta sobre el resto de actores y de éste pueden resultar situaciones de suma cero (en las que las pérdidas de unos equivalen a las ganancias de otros), de suma positiva (todos ganan) o de suma negativa (todos pierden). Uno de los ejemplos más asiduamente utilizados para desarrollar la teoría es el conocido como *dilema del prisionero*. La situación que reproduce presenta a dos detenidos sobre los que existe conocimiento cierto de su implicación en la comisión de un delito aunque, al no haber pruebas suficientes, su encarcelamiento depende de las declaraciones de cada uno de ellos. En tales circunstancias, y por separado, se les ofrece a ambos distintas opciones: Si los dos confiesan voluntariamente, se les castigará a diez años de prisión; si callan, se les impondrá una pena de cinco años; pero, si se produce la declaración de uno y el silencio de otro, la condena aumentará a veinte años para el acusado mientras el delator se beneficiará con la inmediata libertad. El intento de maximización del beneficio sin que ambas partes concierten la estrategia a seguir, hace que uno y otro tiendan a irresponsabilizarse personalmente y a inculpar al compañero. Sin embargo, contrariamente a lo previsto de forma individual, la adopción de la misma posición egoísta devendrá en un resultado agregado mucho peor que el obtenido en un hipotético silencio compartido (diez, en vez de cinco años). El dilema del prisionero se presenta ideológicamente como alegato que, frente al neoliberalismo, justifica el intervencionismo estatal en aquellos ámbitos, como la reducción de la contaminación, donde los conflictos colectivos no pueden solucionarse adoptando actitudes individualistas.

Sin embargo, se formuló en principio como una posibilidad analítica en la que la falta de información sobre el comportamiento ajeno determina las aproximaciones entre los actores en conflicto y las distintas expectativas de resultados.

Lo cierto es que la teoría de juegos, como instrumento propio del enfoque racional, tiende a ser usada preferente, aunque no exclusivamente, por autores conservadores que, por ejemplo, analizan de esta forma la llamada elección pública*. De forma menos politizada también se ha utilizado en el estudio de los comportamientos electorales y de las coaliciones políticas pero, sin duda, ha sido en la política exterior donde la simulación en juegos resulta más fácilmente aplicable. Dadas sus especiales características, como la clara determinación del numero de actores (los estados) o la existencia de pocas reglas previamente establecidas (el derecho internacional), se reduce la complejidad e imprevisibilidad que es propia de la dimensión interna de la política. En relaciones internacionales, e igualmente en las *ciencias militares*, el medio está relativamente cerrado y los objetivos o fines están muy determinados (el poder económico o bélico de las potencias), por lo que los que toman las decisiones pueden cuantificar los intereses de sus oponentes y deducir, de ahí, su estrategia.

timocracia Concepto, también llamado timarquía, atribuido a Platón para aludir a la forma corrompida de gobierno en la que quienes ejercen el poder lo hacen por la ambición del honor y las alabanzas *(time)*. Otro significado tiene para Aristóteles, que lo concibe como un régimen político idóneo donde se utiliza el sufragio censitario como instrumento para determinar cuál será la aristocracia* que ejerza el poder. De esta forma, se limitan las posibilidades de que el gobierno degenere en demagogia y si el censo, generalmente basado en la propiedad, es lo suficientemente amplio se evita la derivación oligárquica.

totalitarismo Régimen político en el que un partido único de masas, dirigido por un líder normalmente carismático, aspira al control y la dirección total de la vida en un Estado. El poder se sustenta en una fuerte manipulación ideológica mientras que la desobediencia es reprimida por la policía y, en última instancia, por el ejército. El término fue acuñado por Mussolini, que habló de Estado totalitario, pero, junto al totalitarismo fascista*, ha existido también una variante marxista presentada como democracia popular. Ambas expresiones, en principio antagónicas, son reacciones contra el parlamentarismo liberal y coinciden en los métodos de afirmación mencionados, como H. Arendt ha puesto de manifiesto.

En los totalitarismos, el partido único tiene el monopolio de la ideología oficial y de la legalidad, por lo que no se permite la existencia de ninguna otra formación. La organización sirve como brazo ejecutor de los deseos gubernamentales y está fuertemente centralizada y jerarquizada. La disciplina férrea es vigilada por comisarios políticos* en el interior del partido mientras que, en el resto de la sociedad, la disidencia trata de reprimirse con la amenaza del terror que es ejercido por la policía secreta.

Lo que, según Linz, distingue este régimen del autoritario* es su aspiración a controlar la totalidad de los aspectos de la vida nacional y a movilizar constantemente a grandes masas de seguidores. La continuada presencia del Estado en todos los ámbitos, incluida la economía, se revela especialmente en los mecanismos de socialización política, como son la educación, la cultura y los medios de comunicación de masas, que están monopolizados por el gobierno. De esta forma, frente a los objetivos más modestos de las dictaduras*, que son concebidas a menudo como transitorias y excepcionales, el totalitarismo pretende la politización de la cotidianidad y la abolición definitiva de la sociedad civil, lo que elimina el menor atisbo de pluralismo.

También es diferente del absolutismo*, pues no pretende justificarse por motivos religiosos o racionales que podrían suponer ciertos límites al ejercicio del poder. El totalitarismo va más allá pues, al aceptar incluso la posibilidad teórica de incurrir en la arbitrariedad, y niega que sea posible apelar a la ley divina o a la resistencia legítima. El Estado es el supremo rector de todos los ámbitos y los aspectos vitales, y no puede existir, por tanto, ningún otro poder ni principio superior que lo legitime y condicione.

transición Proceso de sustitución de un régimen político autoritario por otro democrático. Aunque el término en su sentido más amplio podría aplicarse a cualquier fenómeno de transformación, se reserva para designar al período relativamente breve que culmina con la instauración de la democracia*, aunque no conlleva necesariamente la consolidación de la misma. El estudio politológico de las transiciones se ha visto favorecido por la posibilidad de comparar entre casos al haberse producido recientemente una tercera tendencia democratizadora común (Europa mediterránea, América Latina, Europa del Este) que incluso supera la anterior ola simultánea de los años cuarenta (en Europa occidental, India y Japón) y la aún más remota difusión que tuvo lugar de 1789 a 1914 en ciertos países europeos y americanos.

Las transiciones pueden originarse por un suceso rupturista pero es más frecuente encontrar procesos que esquivan los desarrollos revolucionarios y mantienen la moderación. Las variables normalmente empleadas para explicar estos cambios de régimen político pueden ser estructurales, en las que se subraya la importancia de las transformaciones previas globales, o coyunturales, que consideran sobre todo el papel de las élites o los movimientos de masas en el momento de la transición. La explicación más estructural se compone, a su vez, de factores políticos, a partir del consenso ideológico progresivo que prefiere la democracia occidental a la alternativa comunista, y socieconómicos. La transformación económica tiene que ver, paradójicamente, con el intento de las dictaduras de procurar un mejor rendimiento material, lo que les hace inclinarse por ciertas reformas inspiradas en el capitalismo liberal y el Estado del bienestar, que incentivan la democratización. El crecimiento fomenta el desarrollo de la modernización, la sociedad civil, la educación y la urbanización, con los consiguientes cambios culturales que desradicalizan a la población y acaban con el autoritarismo cotidiano.

Más coyuntural, aunque también condición necesaria, es el papel clave de los líderes políticos, militares y sindicales. La actitud responsable y moderada de los mismos, consecuencia quizás de las transformaciones sociales previas, sirve para facilitar el proceso que, de lo contrario, puede derivar en una larga y complicada consolidación democrática. Conectado a esta perspectiva menos histórica, existe un enfoque internacionalista del fenómeno que subraya la importancia de factores externos, como la actitud de las grandes potencias o el apoyo específico de una organización internacional a la democracia.

trotskismo Corriente política derivada del marxismo que debe su denominación al que fuera presidente del soviet de San Petersburgo, León Trotsky, en el período posterior a la Revolución bolchevique*. El movimiento ideológico por él inspirado, y plasmado a partir de 1938 en la Cuarta Internacional, supuso la primera escisión en el seno del comunismo* y, aunque se presenta como divergencia que concibe al partido de forma no centralista, ha estado marcado por el sectarismo frente a sus propias facciones. El trotskismo defiende, frente a la ortodoxia leninista y estalinista*, la idea de que la Unión Soviética era sólo una fase de transición en un proceso de revolución permanente y mundial.

La teoría de la revolución permanente, esbozada anteriormente por el propio Marx con distinto contenido, implica que la acción de los trabajadores debería desembocar en el socialismo* y no limitarse a servir de sustitutivo de la democrático-burguesa allí donde no se hubiese aún producido. Es más, como los países subdesarrollados podían evitar la etapa capitalista, Rusia debería impulsar la extensión global de la revolución sin permitir la coexistencia pacífica. Para alcanzar esta situación de continua afirmación proletaria, el trotskismo desconfía de la burocracia estatal, que tiende a degenerar, y propone, en su lugar, la militarización de los sindicatos obreros.

U

utopía Conjunto de valores que, aun aceptando su carácter difícilmente realizable, se exponen como programa político para el futuro. Tomás Moro introdujo el término en la teoría política al designar así su feliz isla imaginaria y, junto a él, Campanella o Saint-Simon han descrito comunidades políticas ideales, no ubicadas en lugar ni tiempo determinados. En cualquier caso, todas las ideologías, al criticar lo existente y proponer una perspectiva final de concordia social, tienen algún elemento utópico.

Las distintas concepciones utópicas aspiran a crear un hombre nuevo, a dividir las tareas según sean intelectuales o manuales, y a que desaparezca la violencia. No obstante, éstos son rasgos frecuentes pero no hay un único modelo: (1) Aunque se suele describir sociedades perfectas en las que es factible llevar a la práctica el ideal anárquico de ausencia de gobierno, es igualmente posible recrear utopías negativas, como hace Orwell en su libro *1984*, un panorama de pesadilla totalitaria. (2) Frecuentemente las utopías defienden la igualdad y la propiedad compartida de los bienes. (3) Ideológicamente son propias de las clases sociales ascendentes que promueven una revolución, y de ahí que suelan augurar un porvenir armónico, pero también se han concebido como reacción al progreso histórico, recreando idealizaciones de una etapa anterior.

V, W

violencia política Actos de desorganización, destrucción o daño cuyas circunstancias, finalidad, víctimas y efectos, tienen significación política. El terrorismo, en tanto que forma de violencia política, es un fenómeno de origen ideológico que utiliza la eliminación y la destrucción de personas y bienes como instrumento de desestabilización y presión al sistema político.

volatilidad electoral Elemento de análisis del comportamiento electoral que sirve para designar la fidelidad con que los electores se adscriben a un determinado partido político, o la facilidad con que dichos apoyos se *volatilizan* hacia otra formación. En los sistemas de partidos consolidados las lealtades hacen que los resultados entre elecciones varíen poco, pero en otros casos, especialmente en las democracias recién instauradas, es posible observar una gran inestabilidad del electorado. No obstante, como los *cleavages** que dividen políticamente a las naciones responden a razones más profundas, la volatilidad entre bloques ideológicos es siempre menor y así, por ejemplo, aunque un votante de izquierda decida cambiar su opción electoral por otro partido, es más difícil que tal fluidez se traduzca en un apoyo a la derecha.

voluntad política Actitud de predisposición, por parte de los que ostentan determinadas responsabilidades políticas, a adoptar con prontitud e interés especial una decisión de naturaleza política. A pesar de su carácter desiderativo, la voluntad política está íntimamente relacionada con el concepto de oportunidad y el cálculo de los resultados previsibles que la decisión conlleve.
El compromiso político sólo supone un querer hacer, por lo que en los programas de acción política que presentan los distintos partidos políticos y los gobiernos aparece el término de compromiso con la idea de atemperar la fuerza que tiene el concepto de voluntad.

voto Instrumento a través del cual se manifiesta políticamente la voluntad de un cuerpo electoral, expresando una opción por una persona o una propuesta. Aunque puede considerarse sinónimo del concepto de sufragio, el voto se refiere al acto concreto por el que se materializa la elección*, mientras que el primero identifica más bien al proceso o a la facultad del ciudadano, entendida como derecho o como función pública, de participar en la misma.

Así, por un lado, es común referise al voto cuando se atiende a la forma o a los medios empleados durante el ejercicio del mismo, incluyendo la necesidad o no de registrarse como elector y la posibilidad de hacerlo por correo. Por lo demás, existe voto indirecto o directo, si la elección está mediada o no por representantes o compromisarios; nominal o secreto, si se registra o no el sentido del voto del elector; e igual o plural, si se cumple o no la premisa «un hombre, un voto» por la que las preferencias de todos los electores, independientemente de su *calidad*, tienen el mismo peso. De ahí que suela denominarse voto de calidad cuando un *primus inter pares* tiene la capacidad de dirimir, en caso de empate en los apoyos, una elección. Existe además otra modalidad, llamada acumulativa, que no es una variante del voto plural, pues mantiene la premisa de igualdad, pero en la que todos los que lo ejercen cuentan con varias opciones que pueden repartir por igual entre distintas preferencias o concentrarlos en una candidatura que se desea ponderar. Cuando la votación se ejerce en ámbitos colegiados pueden aparecer otras variantes peculiares como el particular y el ejercido por aclamación. El primero se manifiesta normalmente en los órganos deliberativos cuando el resultado democrático arroja una decisión no compartida por algunos de los partícipes y éstos lo utilizan para mostrar públicamente la discrepancia. La votación se ejerce por aclamación cuando el presidente de determinado foro considera la aceptación de una propuesta con la mera observación del asentimiento público de los miembros que lo componen.

Por otro lado, se habla de sufragio activo o pasivo, según se haga referencia a la participación en la elección o a la concurrencia a la misma como candidato; y de sufragio censitario o universal, dependiendo de si el ejercicio del voto se restringe o no a una categoría de ciudadanos. Las teorías liberales de la soberanía nacional reservaban la participación en las funciones públicas a quienes ocupaban determinada posición socioeconómica. Sin embargo, la idea posterior de soberanía popular extiende, a principios del siglo xx, los derechos de ciudadanía a toda la población nacional y mayor de edad sin exclusión económica, educativa ni, más adelante, de género. De este modo, para considerar realmente democráticas unas elecciones el sufragio, activo y pasivo, ha de ser universal y ha de garantizarse que el voto ejercido sea libre, igual y secreto.

En ciencia política, aparte de indagarse el papel de los sistemas electorales* en la dirección del voto, se ha analizado profusamente el comportamiento electoral. El enfoque conductista, con técnicas estadísticas, y el de *rational choice*, desde el individualismo metodológico, ofrecen múltiples explicaciones sobre las variables que determinan la participación y el sentido del voto. Entre los factores más determinantes parece encontrarse la adscripción a uno de los *cleavages** que escinde la sociedad en clases, coaliciones de interés o grupos etno-territoriales y

religiosos. Sin embargo, en un contexto secularizado y despolarizado, cuenta también la fidelidad a un partido, transmitida de generación en generación; la ideología del votante; el carisma de un líder; y el cálculo racional que lleva al intercambio clientelista o, en caso de que no sea práctico apoyar a la candidatura preferida, al voto táctico.

Westminster model *véase* mayoría.

Bibliografía

Manuales

Pasquino, G., y otros (1988): *Manual de Ciencia Política*, Madrid, Alianza Editorial.
Manual coescrito por cinco destacados politólogos italianos que resume los métodos y objeto de la disciplina en diez grandes capítulos. Se caracteriza por prestar atención especial a las diferencias entre regímenes y al funcionamiento de las instituciones de gobierno. Huye de la especulación e ilustra el repaso de teorías con una exhaustiva muestra de la investigación empírica que las aplica o produce.

Sartori, G. (1992): *Elementos de teoría política*, Madrid, Alianza Editorial.
No se trata exactamente de un manual, sino de la prolífica producción científica de este autor generalista resumida, seleccionada y agrupada por él mismo en quince temas. El título se debe a su proclamada fe en la conjugación de teoría y verificación fáctica, pero es un libro plenamente politológico. Destacan los capítulos dedicados a la democracia y, por su conocida dedicación al objeto, a los sistemas electorales y de partidos.

Blas, A. de, y J. Pastor (1997): *Fundamentos de Ciencia Política*, Madrid, UNED.
Compilación de capítulos con la finalidad didáctica propia de un libro orientado a la enseñanza a distancia. No obstante, la pedagogía no le resta rigor, gozando además de una buena sistemática especialmente adaptada a un curso introductorio. Incluye una introducción epistemológica y considera, junto al tradicional estudio de los principales actores del proceso político, la teoría del Estado y de la democracia.

Otros libros de consulta

Bobbio, N., y otros (1982): *Diccionario de Política*, Madrid, Siglo XXI.
Obra donde participan numerosos filósofos, sociólogos y politólogos italianos que desarrollan, de manera relativamente extensa para este tipo de trabajos, más de cien conceptos relativos a la política.

VV.AA. (1992): *Diez textos básicos de Ciencia Política*, Barcelona, Ariel.
Recopilación vulgarizadora que traduce al español algunos de los artículos imprescindibles en ciencia política. La útil selección de Albert Batlle recoge textos clásicos muy dispares que tienen en común apuntar ambiciosas teorías explicativas y, por consiguiente, han dado pie a innumerables investigaciones empíricas posteriores. Los diez autores en cuestión (y sus escritos) son G. Mosca (élites), M. Duverger (sistemas electorales), R. Dahl (poliarquía), A. Downs (teoría económica de la democracia), S. M. Lipset (modernización), W. Riker (teoría de juegos), G. Almond y S. Verba (cultura política), M. Olson (lógica de la acción colectiva), D. Easton (análisis sistémico) y S. Rokkan (*cleavages*).

Teoría, conceptos y método

Johnson, N. (1991): *Los límites de la ciencia política*, Madrid, Tecnos.
Interesante opúsculo donde no se contiene un estudio sustantivo del objeto de la politología, sino que se consideran algunos problemas de la disciplina en sí. El autor critica el actual enfoque y propone separar más nítidamente el estudio normativo de la vertiente científica aplicada.

Marsh, D., y G. Stoker (eds.) (1997): *Teoría y métodos de la ciencia política*, Madrid, Alianza Editorial.
Fácil y riguroso repaso sintético a la disciplina, pero no a su contenido. Es decir, se tratan los principales enfoques epistemológicos, las cuestiones metodológicas básicas y las más influyentes corrientes teóricas, pero no la política en sí, por lo que no puede considerarse un manual como tal.

Vallespín, F. (ed.) (1990-1995): *Historia de la teoría política*, 6 vols., Madrid, Alianza Editorial.
La más completa y reciente exposición en español de la filosofía política. Diseñada como compilación, lo que produce solapamientos e irregularidades, su línea argumental es histórica, pero contiene referencias suficientes para situar el momento actual en que se encuentra el estudio normativo de la política.

Política comparada

Held, D. (1991): *Modelos de democracia*, Madrid, Alianza Editorial.
Considera el modelo griego clásico, los desarrollos posteriores y las variantes contemporáneas de democracia.

Más reciente, y también centrándose en las instituciones, aunque comparando países europeos:
COLOMER, J. M. (dir.) (1995): *La política en Europa*, Barcelona, Ariel.

De todos modos, para una buena presentación de las cuestiones metodológicas relacionadas con el método comparativo, puede verse:
SARTORI, G., y L. MORLINO (eds.) (1994): *La comparación en las Ciencias Sociales*, Madrid, Alianza Editorial.

Democracia y transiciones

SARTORI, G. (1998): *Teoría de la democracia*, 2 vols., Alianza Editorial. Cuenta con un apéndice de 1993.

DAHL, R. (1993): *La democracia y sus críticos*, Barcelona, Paidós.

Participación, elecciones y cultura política

BENEDICTO, J., y M. L. MORÁN (1995): *Sociedad y política. Lecturas de sociología política*, Madrid, Alianza Editorial.

Gobierno y políticas públicas

BAÑÓN, R., y E. CARRILLO (1996): *La nueva administración pública*, Madrid, Alianza Editorial.

GOMÀ, R., y J. SUBIRATS (coords.) (1998): *Políticas públicas en España*, Barcelona, Ariel.